從《致加西亞的信》
談個人價值

（Elbert Hubbard）
阿爾伯特‧哈伯德 著
路船山 譯

職場關係
個體價值
責任心態
得失關係

揭示哈伯德的成功哲學與人生觀

關於忠誠、自信、勤奮、敬業的深刻解讀
【哈伯德人生哲學──勵志經典《致加西亞的信》！】

「世界為那些真正具有使命感和堅強信念的人大開綠燈。」

目錄

目錄

第四章〈對待自己，需要自信〉

阿爾伯特・哈伯德
（Elbert Green Hubbard）
的商業信條

我相信我自己。

我相信自己所售的商品。

我相信我所在的公司。

我相信我的同事和助手。

我相信美國的商業方式。

我相信生產者、創造者、製造者、銷售者以及世界上所有正在努力工作的人們。

我相信真理就是價值。

我相信愉快的心情，也相信健康。我相信成功的關鍵並不是賺錢，而是創造價值。

我相信陽光、空氣、菠菜、蘋果醬、優格、嬰兒、羽綢和雪紡綢。請始終記住，英語裡最偉大的單字就是「自信」。

我相信自己每銷售一件產品，就交上了一個新朋友。

　　我相信當自己與一個人分別時，一定要做到當我們再見面時，他看到我很高興，我見到他也愉快。

　　我相信工作的雙手、思考的大腦和愛的心靈。

　　阿們，阿們！

阿爾伯特·哈伯德著名的個人信條

我相信是上帝創造了人。

我相信被上帝賜福的父親、母親和孩子，三位一體的家庭組合。

我相信上帝就在我們身邊，我們和從前一樣距離祂如此近。

我不相信祂創造了這個世界後就置之不理讓它獨自運轉。

我相信靈魂的暫居之所 —— 人類身體的神聖。因此我認為透過確切的思考和生活以保持形體的美感是每一個男人和女人的義務。

我相信男人對女人的愛和女人對男人的愛是神聖的。在這種愛推動下的靈魂與人類思想最深處對上帝的愛同樣神聖崇高。

我相信經濟、社會和精神的自由可以使人類獲得救贖。

我相信約翰·羅斯金（John Ruskin）、威廉·摩瑞斯（William Morris）、亨利·梭羅（Henry David Thoreau）、華特‧惠特曼（Walt Whitman）和托爾斯泰（Leo Tolstoy）是上帝的先知，他們思想的造詣和靈魂的境界應當與伊利亞特、何西阿、以西結和以賽亞齊名。

我相信人類像從前一樣一直被激勵和鼓舞著。

我相信正如我們一直希望的一樣，人類生活在永恆中。

我相信為未來生活做準備的最佳方法是心存善良，在某個時候的某一天盡全力做好工作，使它盡善盡美。

我認為我們應當記住禮拜日，確保它神聖的地位。

我相信沒有魔鬼只有恐懼。

我相信除了自己沒人能傷害你。

我相信我所具有的神性和你一樣。

我相信我們都是上帝的兒子，除此之外我們什麼都不是。

我相信通往天堂的唯一途徑是心存天堂。

我相信每個人都很在意他自己的事。

我相信陽光、新鮮的空氣、友誼、沉靜的睡眠和美麗的想法。

我相信失敗也可以算作是另一種成功。

我相信遭受不幸可以淨化身心，也相信死亡即是生命的宣言。

我相信天地萬物性本善。

　　我相信如果有新的閃電劃過我的思想，我會時不時地用新的信條來增補或代替這一條。

致加西亞的信

（美）阿爾伯特・哈伯德著

在一切有關古巴的事物中，有一個人一直閃耀在我的記憶中，讓我難以忘懷。

當美西戰爭爆發時，美國總統必須立即與古巴反抗組織的領袖加西亞取得聯繫。當時，加西亞隱藏在古巴林莽蒼然的深山裡。沒有人知道確切的地點，也沒有任何郵件或者電報能夠送到他手上。而美國總統又必須盡快地得到他的合作。情勢緊急！該怎麼辦呢？

這時候，有人對總統說：「如果有人能夠找到加西亞的話，那麼這個人就是羅文了。」

於是，總統把羅文找了來，交給他一封寫給加西亞的至關重要的信。至於那個名叫羅文的人，如何拿了信，用油布袋將它密封好、捆在胸前；又如何乘敞蓬船航行四天後趁著夜幕在古巴海岸登陸，之後消失在叢林中，再經過三個星期，歷經險境，徒步穿過這個危機四伏的島國，終於找到加西亞將軍，把信交給了他 —— 這些細節我不想在此詳述。我在這裡要強調的重點是：美國總統麥金利

（William McKinley）把一封寫給加西亞的信交給羅文，而羅文接過信之後，並沒有問：「他在哪裡呢？」

像羅文這樣的人，我們應該為他塑造不朽的銅像，矗立在每一所大學裡，以表彰他的精神。年輕人所需要的不只是從書本上學習來的知識，也不只是他人的種種教誨，而是要塑就一種敬業的精神：忠於上級的託付，迅速地採取行動，全心全意地完成任務 ── 「把信送給加西亞」。

加西亞將軍現在已經不在人世，但生活中還有其他的加西亞。沒有人能夠經營好這樣的企業 ── 在那裡雖然急需眾多人手，但是令人驚訝的是，其中充滿了許多碌碌無為的人，他們要麼不能要麼不願意一心一意地做好一件事情。

拖沓磨蹭的做事態度、消極被動的冷淡、無動於衷的漠視以及心不在焉的工作風格，似乎司空見慣。沒有人能把事情辦成，除非苦口婆心、威逼利誘地強迫他人幫忙；或者，請上帝大發慈悲創造奇蹟，派一名天使相助。

身為讀者，你可以就此做個試驗：現在你坐在自己的辦公室裡 ── 有六位招之即來的職員。你隨便叫一位過來請他辦一件事情：「請查一下百科全書，給我找一下克里吉奧的生平，並做一個簡短的記錄。」這位職員會輕輕地說一句：「是，先生。」然後就去執行任務嗎？

我敢打賭，他絕不會這樣。他會茫然地抬眼望著你，然後滿臉狐疑地提出一個或數個問題：

　　他是誰呀？

　　哪套百科全書？

　　百科全書放在哪裡？

　　這屬於我的工作職責嗎？

　　你說的是不是俾斯麥？

　　為什麼不讓查理做這件事情？

　　你說的那個人死了嗎？

　　這件事是否緊急？

　　我能不能把書給你，你自己去查？

　　你為什麼想了解他的情況？

　　然後我敢說，十有八九在你回答了這些問題，並且解釋了怎樣去查那些數據以及你要查閱的原因之後，他會從你那裡離開，再找另一個職員幫助他弄清楚自己的任務——然後回來對你說，根本查不到這樣一個人。當然這個打賭我也可能輸掉，但是根據普遍規律，我不會輸的。

　　現在，如果你足夠明智，你就不會再費神對你的「助理」解釋克里吉奧在附錄的字母 C 項下，而不是字母 K，而是會和氣地微笑著說：「沒關係。」然後自己去查。像

這樣缺乏獨立做事的能力，道德上愚蠢透頂，絲毫沒有意志力，極不願意愉快地接受任務並積極動手的員工，都是導致純粹的理想社會在將來難以實現的原因。

如果人們不能為了自己而自主行動，你又怎麼能期待他們心甘情願地為他人服務呢？

乍看起來，所有的公司都有許多可以委以任務的人選，但是事實真是如此嗎？你刊登廣告應徵一名速記員，應徵者中，十有八九不會拼也不會寫，他們甚至不認為那是必要條件。

這種人能夠寫出一封致加西亞的信嗎？

「你看那個職員。」一家大工廠的主管對我說。「嗯，他怎麼了？」「他是個不錯的會計，不過如果我讓他去城裡辦個小差事，他可能會完成任務，但也可能就在途中走進酒吧，而當他到了市區，可能根本忘記了他自己是來幹什麼的。」這種人你能把送信給加西亞的任務交給他嗎？

我們最近聽到很多對「在苦力工廠被踐踏的可憐人」和「那些尋找工作的流離失所的人」濫施同情的說教，同時把那些雇主罵得體無完膚。但是，從來沒有人提到未老先衰的雇主們，他們努力希望讓那些不求上進的懶蟲們兢兢業業地工作，結果都是白費力氣；雇主們花費大量時間「幫助」他們，結果剛一轉身，那些人又開始無所事事地混日子。

在每家商店和工廠，都有一些常規性的整頓工作。雇主們必須不斷地甄別那些無能的雇員，經常送走那些不能對公司有所助益的員工，同時也接納一些新的成員。不論有多忙，這種淘汰工作都要進行。只是當經濟不景氣、就業機會不多的時候，整頓才會有明顯的績效——那些不能勝任、沒有才能的人，都被摒棄於公司大門之外，只有最能幹的人，才會被留下來。這是一個優勝劣汰的機制。雇主們為了自己的切身利益，只會保留那些最佳的職員——也就是那些能把信送到加西亞手裡的人。

　　我認識一個極聰明的人，但他沒有獨自經營企業的能力，並且對他人也沒有一絲一毫的價值，因為他總是偏執地懷疑他的雇主在壓榨他，或存心壓迫他。他沒有能力指揮他人，也不願意聽他人發號施令。如果你要他去把信送給加西亞，他的回答很可能是：「你自己去吧！」

　　今晚，這個人還會穿著破舊的衣衫，頂著凜冽的寒風走在街上，四處尋找工作。認識他的人都不願意雇用他，因為他是一個仇恨一切的反叛分子。他對外界發生的一切都無動於衷，唯一能影響他的是他那雙厚底的九號鞋。

　　當然，我知道像這種思想畸形的人要比那些肢體殘缺的人可憐得多；但是，當我們對這類人施予同情時，讓我們也為那些千方百計地承擔重要使命的人掬一捧同情的眼

淚：他們在下班鈴響過後還在工作，他們的頭髮過早變白，而這都是為了說服人們摒棄心不在焉和漠不關心的態度，消除員工的愚蠢無能，在他們不懂知恩圖報的心裡培養一些感激的情誼。那些員工從來不願想一想，如果沒有雇主們付出的努力和心血，他們是否將挨餓和無家可歸？

　　我是否說得過於嚴重了？也許是的。但是，就算整個世界變成貧民窟之時，我也要為成功者說幾句同情的話──他們克服了種種不利因素，給別人指出努力的方向，他們成功了，卻發現成功背後一無所有：除了食物和衣服，其他什麼也沒有。我也曾經為了一日三餐而為他人打工，也曾經當過雇傭別人的老闆，我深知這兩方面的種種甘苦。貧窮不是優點，衣衫襤褸更不值得驕傲；並非所有的雇主都急功近利、奸詐狡猾，竭盡所能壓榨員工，就像不是所有的窮人都有美德一樣。我衷心敬佩那些在老闆已經離開後還在努力幹活的人，就像老闆在場一樣。當你交給他一封致加西亞的信時，他會默默地接受任務，不會問任何愚蠢的問題，也不會千方百計地把它推給最近的同伴，而是全力以赴地把信送到。這樣的人永遠不會失業，也永遠不必為了爭取高薪而參加罷工。

　　文明，就是熱切尋找這種人才的一個漫長過程。

這樣的人無論有什麼願望都能夠得以實現。每個城市、鄉鎮、村莊，以及每個辦公室、商店、工廠，都需要他參與其中。世界在大聲疾呼：我們需要這樣的人，非常需要 —— 他就是能把信送到加西亞手裡的人。

　　誰將把信送給加西亞？

我是如何把信送給加西亞的

（美）安德魯·薩默斯·羅文上校

「讓我們從這部作品中汲取一種進取心，在這種追求中獲得一種動力。如果有助於我們的國家和我們自己，任何代價都是值得的。」

—— 賀拉斯

「到哪裡才能找到一個能夠把信送給加西亞的人？」美國總統麥金利問情報局局長阿瑟·瓦格納上校。

上校迅速答道：「在華盛頓有個名叫羅文的年輕中尉，他一定能給您把信送到！」「派他去！」總統斬釘截鐵地下了命令。

當時，美國和西班牙的戰爭一觸即發。美國總統麥金利急需相關情報。因為他意識到，美國軍隊只有和古巴的起義軍協同作戰才能取得勝利。這就必須了解：在古巴島上西班牙的兵力有多少，他們的戰鬥力和士氣如何，軍官（尤其是高級軍官）的脾性如何。另外，古巴一年四季的路況，西班牙軍隊、起義軍及整個國家的醫療狀況，雙方

的裝備以及在美軍動員集結期間古巴起義軍若想困住敵人需要些什麼援助，以及其他許多重要情報，都是總統渴望知道的。

總統的命令就三個字，就如同上校的回答一樣，乾脆俐落。當務之急就是找到把信送給加西亞的人。

一個小時後，時值中午，瓦格納上校通知我下午 1 點鐘到海陸軍俱樂部與他共進午餐。在飯桌上，這位出了名的幽默上校突然問我：「下一班去牙買加的船什麼時候開呀？」

我以為他又要開玩笑，於是決定順水推舟。遲疑一下之後，我回答道：「一艘名為阿迪羅達克的英國輪船明天中午從紐約出發。」

「你能乘上這艘船嗎？」上校打斷我的話。

我到這時候仍舊以為他是在開玩笑、想調節一下氣氛，於是順口回答：「是的！」

「好，那你就準備出發吧！」上校說。

「年輕人，」他嚴肅地說，「總統選派你去完成一項神聖的使命 —— 去和加西亞將軍取得聯繫，或者更確切地說，是去給加西亞將軍送一封信。他在古巴東部的某個地方。你必須把情報如期安全地送達。這封信中有總統的重要指示，事關我們想了解的一系列問題。任何有可能暴

露你身分的東西都不能帶。要知道，美國歷史上已經有太多這樣的悲劇，我們不能再冒險了。大陸軍的內森‧黑爾（Nathan Hale）和美墨戰爭中的利奇中尉都是因為身上帶著情報而被捕的，他們不僅犧牲了生命，而且後者身上攜帶的機密情報還被敵人破譯了。這次，你絕不能出差錯，一定要確保萬無一失！」

這時候，我才意識到瓦格納上校不是在開玩笑。

「到了牙買加，有古巴軍方聯繫處的人安排你出發。後面所有的事情就靠你自己了，我這裡沒有其他具體的指示了。」上校接著說：「下午就去做準備。軍需官哈姆菲里斯將送你到金斯敦上岸。之後，如果美國對西班牙宣戰的話，你帶回的情報將是我們整個策略部署的依據，否則我們將無所適從。這項使命就全權由你負責，你重任在肩，必須把信交給加西亞。火車午夜出發，祝你好運！」

我和上校握手道別。

臨別時，上校還一再叮嚀道：「一定要把信送到加西亞手中！」

我一邊忙著為行程做準備，一邊想著我目前的處境：顯然，我的責任重大而且複雜。雖然現在戰爭還沒有爆發，我啟程時，甚至到了牙買加也還不會爆發，但是，只要稍有閃失，後果將不堪設想。如果宣戰反倒使得我的任

務簡單化，儘管危險並沒有減少。

正所謂受命於危難之際，榮譽和生命繫於一髮。當這種情況出現時，人們通常會尋求具體的行動指示。我知道，軍人的生命屬於他的祖國，但他的榮譽卻掌握在自己手中。生命可以犧牲，榮譽卻不能喪失，更不能遭到蔑視。這一次，我卻無法按照任何人的指令行事；我只知道我得一個人負責把信送到加西亞的手中，並從他那裡帶回寶貴的情報。我責無旁貸。

我不知道祕書是否把我和瓦格納上校的談話記錄在案。但現在軍情急迫，十萬火急，我已無暇顧及這些。

我乘坐的火車在中午 12 點零 1 分離開了華盛頓。旅途中我不禁想起了一個古老的迷信，說星期五不宜出門。火車開車這天是星期六，但我出發時卻是星期五。我猜想這可能是命運有意安排的。但一想到自己肩負的重任，就顧不上想東想西了。雖然這個念頭後來又冒出來過，但隨後就消逝無蹤了，因為我的使命順利完成了。

阿迪羅達克號輪船準時起航，一路上風平浪靜。我盡量不和其他的乘客搭訕，沿途只認識了一位電器工程師，從他口中了解船上發生的一切。他告訴了我一件十分有趣的事情：由於我很少和其他乘客交流，他們就善意地給我起了一個綽號 —— 「冷漠的人」。

當船進入古巴海域後，我開始意識到危險。我身上攜帶著政府給牙買加官方提供的證明我身分的信函。如果在阿迪羅達克號進入古巴海域前戰爭就爆發的話，那麼，根據國際法，西班牙人肯定會上船搜查，我一旦暴露就會被捕，並被當作戰犯來處置。而這艘英國船隻也會被扣押，儘管戰前它掛著一個中立國的國旗，從一個平靜的港口駛往另一個中立國的港口。

　　想到問題的嚴重性，我忙把檔案藏到頭等艙的救生衣裡，直到輪船順利穿過海角，我才如釋重負。

　　次日早晨 9 點，我登上了牙買加的領土。我很快找到了古巴軍方聯繫處負責人拉伊，在那裡，我和他以及他的助手一起討論如何盡快把信送給加西亞。

　　我是在 4 月 8 日離開華盛頓的。4 月 20 日，我收到了密電，美國已經向西班牙發出最後通牒，勒令其在 23 號之前將古巴歸還給古巴人民，並撤出其部署在島上和沿海的一切陸、海軍隊。我用密碼發出了我已到達的訊息。4 月 23 日，我收到了統帥部的密電：「盡快見到加西亞將軍。」

　　接到密電幾分鐘後，我來到軍方聯繫處的指揮部，有人在那等著我。在場的幾個流亡的古巴人我以前從未見過。當我們正在研究行動方案的時候，一輛馬車駛了過來。

「時候到了！」車上的人用西班牙語喊道。

緊接著，我還沒有來得及再說些什麼，便被帶到馬車上，坐了下來。

就這樣，一個軍人服役以來最為驚險而奇特的旅程開始了。馬車伕是一個沉默寡言的人，他一言不發，絲毫不理睬我的搭訕。我剛一落座，馬車就在迷宮般的金斯敦大街上飛奔不止，速度絲毫不減，很快我們就穿過了郊區，將城市遠遠地拋在了後面。因為找不到人說話，我心裡憋得難受，忍不住使勁拍了拍馬車，但是馬車伕似乎根本沒有聽見。

馬車伕好像知道我要給加西亞將軍送信，而他的職責就是快馬加鞭，盡快走完他負責的這段路程。就這樣，在徒勞地作了幾次搭話的努力之後，我也安靜下來了，乖乖地坐回原來的位置，任憑他把馬車駛向遠方。

大約又走了四英里路，我們進入一片茂密的熱帶森林，然後穿過平坦的西班牙式城鎮公路，在一處林地邊停下。馬車門從外面被開啟了，我看到一張陌生的面孔，然後就被要求換乘在此等候的另一輛馬車。

真是太奇怪了！好像這一切都安排好了似的，沒有一句廢話，甚至連一秒鐘都沒耽擱。

一分鐘之後，我又一次踏上了征途。

第二位車伕和第一個一樣默不作聲，對我的話充耳不聞。他滿臉專注地坐在車駕上，任憑馬車飛奔。我們經過了一個西班牙城鎮，沿著克伯利河谷進入島的中央，那裡有條路直通加勒比海聖安灣碧藍的水域。

　　車伕仍然沉默不語。雖然沿途我三番五次試圖和他搭話，但他似乎不懂我說的話，甚至連我做的手勢也不懂。馬車在大道上一股勁地飛奔。隨著地勢越升越高，空氣就越涼，清爽異常。太陽落山時，我們到達了一個車站。

　　這時，我突然看到一團黑影從山坡上一搖一晃地衝了下來，那是什麼？不會是西班牙當局預料到我要來，專門安排牙買加軍官攔截我吧？一看到這幽靈般的東西出現，我的神經驀然緊繃了起來。結果是虛驚一場。原來是一個老黑人給我們送食物來了。他一瘸一拐地走到馬車前。推開車門，遞進了美味的炸雞和兩瓶巴斯啤酒。他的方言我只能隱隱約約聽懂幾個單字，大意是向我致敬，因為我在幫助古巴人民爭取自由。而他給我送來吃的喝的，是想表達自己的一份心意。

　　可那位車伕卻像是一個局外人，對炸雞、啤酒和我們的談話沒有表現出任何興趣。換上兩匹新馬之後，車伕用力抽打著馬，我們又上路了。我趕緊向黑人長者告別：「再見了，老人家！」

頃刻間，我們便以飛快的速度消失在茫茫的夜幕中。

雖然我充分意識到自己所肩負的使命的重要性和嚴峻性 —— 趕路要緊，但依然被眼前的熱帶雨林所吸引。這裡夜晚的景色和白天一樣迷人，所不同的是，陽光下的熱帶植物花香四溢，爭奇鬥豔，而夜晚則是昆蟲的世界，處處引人入勝。最壯麗的景觀當數夜幕剛剛降臨時，轉眼間落日的餘暉被螢火蟲的磷光所代替，這些螢火蟲閃爍著奇光異彩，以自己怪異的美妝點著樹木，當我穿越森林時，螢蟲飛舞，星星點點，彷彿進入了仙境一般。

不過，一想到自己的職責，我還是很快從眼前的美景中清醒了過來。馬車繼續向前飛奔，只是馬漸漸地有些體力不支了。突然間，叢林裡響起了一聲刺耳的哨聲。

馬車停了下來。一群全副武裝的人彷彿從地底下鑽出來似的一下子包圍了我們。我倒不怕在英國管轄的地盤上遭到西班牙士兵的攔截，只是這突然的停車著實讓我緊張了一下。要知道，牙買加當局的行動完全可能使這次任務失敗。如果他們事先得到消息，知道我違反了該島的中立原則，肯定不會允許我繼續前行的。要是這些人是英國軍人該多好啊！

還好，只是虛驚一場。在小聲地交談了一番之後，我們又被放行了。

大約一小時後，我們的馬車停在了一棟房屋前，房間裡閃爍著昏暗的燈光，等待我們的是一頓豐盛的晚餐。這是聯繫處特意為我們準備的，總算可以放鬆一下了。

　　首先為我們端上來的是牙買加蘭姆酒。蘭姆酒的酒香特別誘人，一下子驅走了一天的疲勞，使得我忘記了馬車上九個小時七十英里的奔波勞頓。

　　接下來是一番寒暄介紹。這時從隔壁屋裡走出一個身材魁梧、又高又壯的人，留著大鬍子，一臉果敢的表情，他的一根手指短了一截。這顯然是一位在任何時候都值得信賴的漢子。他的眼神可靠而忠誠，透著一種說不出的高貴。他是從墨西哥來到古巴的，由於反抗西班牙舊制度，被砍掉一個指頭流放至此。他名叫格瓦西奧·薩比奧，現在被指派做我的嚮導，直到我把信送到加西亞將軍手裡。另外，他們還雇請了幾個當地人將我送出牙買加，這些人再向前走七英里就算完成任務了。只有一個人例外，那就是我的「助手」。

　　休息一小時後我們繼續前行。離開那座房子不到半小時的路程，又有人吹口哨。我們再度停了下來，下了車，在灌木叢中磕磕碰碰、跌跌撞撞地走了差不多一英里，走進一個長滿可可樹的小果園。這裡離海灣已經很近了。

　　大約在離海灣五十碼的地方停著一艘小漁船，在水面

上輕輕晃動。突然，船裡閃出一絲亮光。我猜想這一定是聯繫信號，因為我們是悄無聲息地到達的，不可能被其他人發現。格瓦西奧顯然對船隻的警覺很滿意，做了回應。

接著我和軍方聯繫處派來的人匆匆告別，涉水來到了小船旁。

至此，送信給加西亞的第一段路程告一段落。

一上船我就發現裡面堆放了許多石塊用來做壓艙物，長方形的一捆一捆的則是貨物，但不足以使船保持平穩。我們讓格瓦西奧負責掌舵，我和另一名助手就成了船員。船裡的巨石和貨物占了很大的空間，我們幾個人擠在這狹窄的空間裡，感到很不舒服。

我向格瓦西奧表示，希望能夠盡快走完餘下的三英里路程。我不想和英國人有什麼麻煩。可他告訴我說，船必須繞過海岬，因為狹小的海灣風力不夠，無法航行。我們很快就離開了海岬，正趕上微風，險象環生的第二段行程就這樣開始了。

毫不隱瞞地講，在我們揚帆出海後，我心裡的確有過十分焦慮的時刻。要知道，在離牙買加海岸三英里以內的地方，如果我被敵人捉住，不僅無法完成任務，而且生命會危在旦夕。我的朋友只有這些船員和浩瀚的加勒比海。

向北一百英里便是古巴海岸，荷槍實彈的西班牙輕型

軍艦經常在此出沒。他們有先進的武器，艦上裝有小口徑的火炮和機槍，船員們都配備有毛瑟槍。他們的武器比我們強多了，這一點是我後來了解到的。如果我們與敵人遭遇，後果肯定不堪設想，他們只需隨便拿起一件武器，就會送我們「回老家」的。

但我必須成功，我必須找到加西亞將軍，把信交給他！

我們的行動計畫是，白天就待在距離古巴海域三英里的地方，待日落黃昏之時，快速航行到某個珊瑚礁後面，一直等到天明，這樣，即使我們被發現，因為身上沒有攜帶任何檔案，因為得不到任何證據，我們可能被扣留但不會被審問。即使敵人發現了證據，我們也可以將船鑿沉。裝滿礫石的小船很容易沉下去，敵人只能得到幾具浮屍。

清晨，海面上的空氣清爽宜人。勞累一天的我正想小睡一會兒，突然聽見格瓦西奧的一聲大喊，我們全都站了起來。原來可怕的西班牙軍艦正從幾英里外的海上駛來。

除了船長格瓦西奧一個人掌舵，其餘的人都躲到了船倉裡。我們的船長神態悠閒，懶洋洋地斜靠在長舵柄上，讓船頭的方向與牙買加海岸保持平行。

「這樣，他們也許會認為我是一個從牙買加來的『孤獨的漁夫』，也就放我過去了。」船長冷靜地分析道。

正如他所料，當軍艦靠近的時候，那位冒失的年輕艦長用西班牙語喊道：「有沒有釣到魚？」

我的這位嚮導也用西班牙語回答道：「沒有，忙了一個早上，可憐的魚就是不上鉤！」

假如這位海軍少尉 —— 也許是別的什麼軍銜 —— 稍稍動動腦子，他就會抓到「大魚」了，而我今天也就沒機會講這個故事了。當西班牙軍艦遠離我們一段距離後，格瓦西奧讓我們重新升起船帆，並轉過身來對我說：「如果先生累了想睡覺的話，那現在就可以放心地睡了，看來危險已經過去了。」

接下來的六個小時我睡了個安穩覺。要不是那些灼人的陽光晃眼，我也許還會在石頭墊上多睡一會兒。那些古巴人用他們頗感自豪的英語問候我：「睡得好嗎？羅文先生！」這裡整天烈日炎炎，暑氣逼人，把整個牙買加都晒紅了。綠寶石般的天空萬里無雲，島的南坡到處是美麗的熱帶雨林，風光旖旎，簡直就是一幅美妙神奇的風景畫。而島的北部則比較荒涼。這時，在古巴上空的雲層越來越厚，大片大片的雲都往那邊堆積。我們焦急地看著它，但它卻絲毫沒有消失的跡象。不過，風力卻越來越大了，正好適宜航行。我們的小船一路前行，船長格瓦西奧嘴裡叼著根雪茄煙，愉快地和船員開著玩笑。

大約下午 4 點，烏雲散盡，天晴海闊。金色的陽光灑在西拉梅斯特拉山上，賦予山脈一種金碧輝煌的尊嚴。如詩如畫的風景使我們彷彿進入了藝術王國。這裡五光十色、山海相連、水天一色、渾然天成，簡直是美不勝收。世界上再也找不到這樣絕妙的景致了！在海拔八千英尺的高峰上，竟然有著綿延數百英里的綠色長廊。

　　但我不能過多地陶醉在美景之中。因為格瓦西奧正在下令收帆減速，見我不解其意，他解釋說：「我們比我預料的離敵人軍艦要更近。我們已經接近戰區了。現在要充分利用在海上的優勢，避開敵人，儲存實力。我們沒必要冒被敵人發現的風險，那只能是白白送命。」

　　我們開始徹底檢修武器。見我只帶了一把史密斯威森左輪手槍，他們又發給我一把威力巨大的來福槍。我心裡暗自嘀咕著這是否會有用武之地。船上的人，包括我的助手都有這種武器。水手們護衛著桅杆，可以隨手拿起身邊的武器。這次任務中最為嚴峻的時刻到了 —— 到目前為止我們的行程還算是有驚無險。而現在到了真正的危急關頭，周圍潛伏著巨大的危險。被捕就意味著死亡，也就意味著送信給加西亞的使命將功虧一簣。

　　我們離岸邊大約有二十五英里，但看上去好像近在咫尺。午夜時分，船帆開始鬆動，船員開始用槳划船。正好

趕上一個巨浪襲來，沒有費多大力氣，小船便被捲入一個隱蔽的小海灣。我們摸黑把船拋錨在離岸邊五十碼的地方。我建議大家立即上岸，但格瓦西奧想得更加周到：「先生，我們現在腹背受敵，最好還是原地不動。如果敵艦想打探我們的消息，他們一定會登上我們經過的珊瑚礁，那時候我們再上岸也不遲。我們穿過昏暗的葡萄架，就可以自由地出入了。」

籠罩在天邊的雲靄逐漸散盡，我們可以看到大片鬱鬱蔥蔥的葡萄、紅樹、灌木叢和刺莓，差不多都長到了岸邊。雖然看得不是十分清楚，但給人一種朦朧的美。太陽照在古巴的最高峰，剎那間，永珍更新，晨霧消失了，籠罩在灌木叢上的黑影不見了，拍打著岸邊的灰暗的海水也魔術般地變綠了。光明終於戰勝了黑暗。

船員們忙著往岸上卸貨。看到我默默地站在那裡似乎很疲倦，格瓦西奧輕聲對我說：「你好，先生。」其實那時我正在想著一位曾經看過類似景物的詩人寫下的詩句：「黑夜的蠟燭已熄滅，愉快的白天從雲霧茫茫的山頂上，靜靜地向我們走來。」

在這樣一個美妙的早晨，我佇立在岸邊，不禁心潮起伏，思緒難平。在我的面前，彷彿有一艘巨大的戰艦，上面刻著我最崇拜的人 —— 新大陸的發現者哥倫布的名

字，一種莊嚴的使命感油然而生。

　　不過，我的美夢很快就結束了。船上的貨物搬完了，我被帶到岸上，小船則被拖到一個狹小的河口，扣過來藏到叢林裡。一群衣衫襤褸的古巴人聚集在我們上岸的地方。他們是從哪裡來的，又如何得知我們是自己人的，這對我來說一直是一個謎。他們扮成了裝運工，但在他們身上能看到當兵的印記，一些人身上還有著毛瑟槍子彈射中後留下的疤痕。

　　我們登陸的地方好像是幾條路的交會點，從那裡既可以通向海岸，也可以進入灌木叢。向西走約一英里，可以看到從茂密的植被中突現的小煙柱和裊裊的炊煙。我知道這煙是從古巴難民熬鹽用的小耳朵裡冒出來的，這些人從可怕的集中營裡逃出來，躲進了山裡。

　　我的第二段行程就這樣結束了。

　　從現在開始我的行程面臨著更大的危險。在古巴的土地上，西班牙軍隊正在殘忍地進行大屠殺，這些毫無人性的劊子手見人就殺，從攜帶武器的軍人到手無寸鐵的難民，一個都不放過。找到加西亞的餘下的路程將更加艱難。但無論多麼艱險，我都要一往無前，直到把信送給加西亞。

　　這裡的地形比較簡單，通往北部的地方有一片綿延約

一英里的平坦土地，被叢林覆蓋著。茂盛的藤蔓從一個樹冠爬到另一個樹冠，糾纏盤扭，漫無邊際，就像是一張巨大的綠色絲絨披覆在我們頭上。男人們忙著開路，古巴的路網就像迷宮，也唯有土生土長的他們才能輕鬆出入。炎炎的烈日烘烤著我們。灼熱難當，我真羨慕一起同行的夥伴，他們身上沒有多餘的衣裳。

我們繼續前行。海和山遮住了我們的視線，濃密的葉子、曲折的小路、灼熱的陽光，使得我們每前進一步都要大費力氣。這裡到處都是青翠的灌木叢，但當我們離開岸邊到達山腳下時，就看不到這樣的景色了。我們很快來到了一個空曠的地方，意外地發現幾棵椰子樹。椰子汁新鮮而又涼爽，對口渴得要命的我們來說，簡直是靈丹妙藥。

不過，儘管景色宜人，我們卻不能久留。夜幕降臨以前我們還要走幾英里路，翻過幾個陡峭的山坡，進入另一片隱蔽的空地。很快我們就進入了真正的熱帶雨林的深處。這裡的路相對好走，微風吹過，儘管察覺不到，卻也給予人心曠神怡的感覺。

穿過森林就是波蒂洛至聖地牙哥的「皇家公路」。當我們接近路邊時，突然間，同伴們一個個轉身消失在叢林裡，轉眼間只剩下我和格瓦西奧。我剛要問他發生了什麼，卻看到他將手指放到嘴邊，顯然是叫我不要出聲，同

時，示意我趕緊準備好武器，然後他自己也消失在了叢林裡。

這時，馬蹄聲傳來了，還有西班牙騎兵的軍刀聲和偶爾發出的命令聲。我一下子反應過來。

如果沒有高度的警惕性，我們也許早已走上公路，恰好與敵人狹路相逢。

我把手指扣在來福槍的扳機上，斂聲屏氣，隨時等待槍聲響起後反擊。但什麼也沒有聽到，隊友們一個個都回來了，格瓦西奧是最後一個。

「我們分散開是為了給他們造成錯覺。一旦我們被發現，開起火來，他們聽到這麼多處槍聲，一定會以為中了我們的埋伏。」格瓦西奧露出惋惜的神色，「真想戲弄敵人一下，但是任務第一，遊戲第二啊！是不是？！」

在起義軍經常出沒的地區，人們有個習慣，他們點起火用灰烤馬鈴薯，經過這裡的人餓了就可以拿起來吃。我們在下午的旅程中就碰到了這樣的一個火堆。烤熟的馬鈴薯一個個傳給飢腸轆轆的隊友，然後我們把火埋掉，繼續前進。

在吃著香噴噴的馬鈴薯時，我想起了美國獨立戰爭中的英雄馬里恩和他的手下。既然馬里恩和他的部屬能夠在艱苦的條件下取得勝利，古巴人民和古巴的英雄們肯定也

能夠獲得成功，因為他們熱愛自己的祖國，有一種發自內心的爭取民族解放的強烈信念支撐著他們。這種信念和支撐我們的先輩不屈不撓地抗爭的信念是一樣的，那就是為了民族的尊嚴頑強奮戰。想到自己所肩負的使命能夠幫助這些愛國的志士們，能夠為他們的事業盡一份綿薄之力，我不禁感到無上光榮。

就在這一天的行程結束時，我注意到多了一些穿著十分奇怪的人。

「他們是誰？」我問道。

「西班牙軍隊的逃兵，」格瓦西奧回答，「他們是從曼查尼羅逃出來的，他們說他們不堪忍受軍官的虐待和飢餓，這才逃跑的。」

逃兵有時候會有些用處，但在這曠野中，我寧願他們待在自己的營房裡。誰能保證他們當中沒有人會跑出去向西班牙軍隊報告一個美國人正穿行於古巴，明顯是在向加西亞將軍的營地出發？敵人難道不是在想方設法阻止我完成任務嗎？所以我對格瓦西奧說：「必須仔細審問這些人，絕不能讓他們擅自離開。」

「是，先生。」他回答道。

為了確保任務萬無一失，我下達了這個命令。後來的事實證明我是對的。雖然無法確認有沒有人知道我的任務

是什麼，但是我的出現已引起其中兩個後來被證明是間諜的人的警覺，並差一點要了我的命。他們決定晚上逃出去，穿過叢林給西班牙人報告 —— 有人在護送一個美國軍官。

半夜，我突然被一聲槍響驚醒。我的吊床前突然出現了一個人影，就在我急忙閃開的時候，對面又出現一個人影，用大刀砍倒了第一個人，從右肩一直砍到肺部。這個人臨死前供認，他們已經商量好，如果同伴沒有逃出營地，他就來殺死我，阻止我完成任務。而他的同伴剛被哨兵打死。我就這樣闖過了一道鬼門關。

趕路要緊，可是馬和馬鞍直到第二天晚些時候才搞到。很長時間我們都無法行進。當時我十分焦急，但無濟於事。馬鞍比馬更不容易弄到。我有點失去耐心了，問格瓦西奧能不能不用馬鞍行走。

「加西亞將軍正在圍攻古巴中部的巴亞摩，」他回答道，「我們還要走很遠才能到達他那裡。」

這也就是我們到處找馬鞍和馬飾的原因。一位同伴看了一下分給我的馬，很快為我安上了馬鞍。在以後的四天裡，我對這位嚮導的智慧的佩服與日俱增。要知道，我們整整騎馬走了四天，要是沒有等到馬鞍，我可就慘了。我要讚美我的坐騎，它精神抖擻，虎虎生風，美國平原上任

何一匹駿馬都難以和它媲美。

離開了營地我們沿著山路繼續向前走。山路撲朔迷離，如果不熟悉道路的話，定然會陷入絕望的境地。但我們的嚮導似乎對這迂迴曲折的山路瞭如指掌，他們如履平地般行進著。

當我們離開了一個分水嶺，正從東坡往下走時，突然遇到一群小孩和一位白髮披肩的老人。隊伍停了下來，族長和格瓦西奧交談了幾句，然後森林裡響起了「萬歲」的喊聲，這是在祝福美國，祝福古巴和「美國特使」的到來。真是令人感動的一幕。我不清楚他們是如何知道我的到來的；但消息在叢林中傳得很快，代表我的到來使這位老人和這些小孩十分高興。

終於到了亞拉，一條河沿山腳流經這裡，水花飛濺。我們決定在此紮營。我意識到我們又進入了一個危險地帶。這裡建有許多戰壕，用來保護峽谷，抵擋西班牙人從曼占尼羅入侵。在古巴的歷史上，亞拉是一個聖地，因為這裡發出了 1868 年至 1878 年的「古巴十年獨立戰爭」的第一聲自由的呼喚。他們讓我把吊床掛在一個戰壕的後面 —— 實際上，這並不是真正的戰壕，而只不過是一堵齊胸高的石牆。我注意到一個士兵整個晚上都在站崗放哨。

這是格瓦西奧的安排：絕不讓我的任務出一點差錯。

第二天早晨，我們開始攀登西拉梅斯特拉山的北坡。這裡是河的東岸。我們沿著風化的山脊往前走，到處都是陡峭的懸崖和深不見底的溝壑，如果在這裡遭到西班牙人的伏擊的話，那我們就全完了。

　　我們順著河岸，沿著蜿蜒曲折的山路前行。在我的一生中，從未見過動物被如此野蠻地對待，為了讓可憐的馬走下山谷，我們不得不殘酷地抽打它們。但是沒有辦法，我必須把信送給加西亞。戰爭期間，當成千上萬的人的自由處於危險中時，馬遭點罪又有什麼呢？我真想對這些牲畜說聲「對不起」，但我沒有時間多愁善感。

　　我所經歷的最為艱難的旅程總算在基巴羅的森林邊緣結束了。我們停在一個小草房前，房子的周圍伸展著一片迤邐起伏的玉米地。屋簷下掛著剛砍下的牛肉，廚師們正忙著準備一頓大餐，歡迎「美國特使」的到來。桌子上既有鮮牛肉，又有木薯麵包。我到來的消息早已傳遍了這裡的每個角落。

　　剛吃完這頓豐盛的大餐，忽然傳來一陣騷動，森林邊上傳來陣陣馬蹄聲和說話聲。原來是里奧將軍派來的卡斯蒂羅上校到了。他動作矯健，下馬的姿勢十分優美，一看就是一位訓練有素的軍人。他代表里奧將軍前來歡迎我，告訴我里奧將軍將在第二天早上趕到。我暗自慶幸，我又

遇到了一個經驗豐富的好嚮導。

第二天早上里奧將軍到了，陪同前來的還有卡斯蒂羅上校，後者贈送我一頂標有「古巴生產」的巴拿馬帽。里奧將軍被稱作「海岸將軍」，他是印第安人和西班牙人的混血兒，一身黝黑的皮膚，身材挺拔，步履矯健。他足智多謀，多次成功地擊退西班牙人的進攻。據說他尤其擅長游擊作戰，神出鬼沒，經常打得敵人措手不及，令西班牙人聞風喪膽。敵人多次想抓捕他，但都無功而返。

這一次出發時，里奧將軍派了兩百人的騎兵部隊護送我。我們的人馬驟然大增，實力之強足以令人側目。

我注意到這些騎兵訓練有素，騎術相當高超。很快我們又重新進入了西拉梅斯特拉的森林，置身於鬱鬱蔥蔥的油亮的綠葉之下。森林裡的小路太窄，時常被形狀古怪而奇特的樹幹所阻礙，層層疊疊的常青藤不時劃破我們的脖子，我們不得不一邊騎馬一邊清理障礙物。我們的嚮導步伐穩健，著實讓我感到驚奇。我通常的位置是在隊伍的中部，有時直想追上他，觀察他披荊斬棘的英姿。他是一名黑人，皮膚像煤一樣黑亮，名叫迪奧尼斯托·洛佩茲，是古巴軍隊的一名中尉。他善於在密林中充當開路先鋒，手拿寬刃大刀，為我們劈路，砍下一片片藤蔓，彷彿永遠不知疲倦似的。

4 月 30 日晚上，我們來到了巴亞莫河畔的瑞奧布伊，

這裡離巴亞莫城還有二十英里。我們還沒紮下營來,這時格瓦西奧又出現了,臉上容光煥發。

「先生,告訴你一個好消息,加西亞將軍就在巴亞莫。西班牙軍隊已經撤退到考託河一帶,他們的最後堡壘在考託。」

我實在是急於見到加西亞將軍,於是建議夜行,但他們討論後沒有同意我的意見。

1898 年 5 月 1 日是一個不尋常的日子。當我在古巴的森林中睡覺的時候,我們強大的海軍正冒著槍林彈雨進人馬尼拉灣,向西班牙艦隊發起進攻。當我正在給加西亞將軍送信之時,我們的大砲已經擊沉了西班牙的戰艦,形成對菲律賓首都巨大的威脅。

形勢急迫。一大早我們又上路了,從山坡上往下直達巴亞莫平原。一路上簡直是滿目瘡痍,到處都是被戰火毀壞的廢墟,見證著西班牙軍隊對這塊美麗的土地犯下的滔天罪行。當我們來到平原時,我們已經在馬背上走了大約一百英里,這裡的野草有一人多高,方圓百里不見人影,就彷彿這是一片從來沒有人居住過的蠻荒之地。雖然烈日當頭,酷暑難耐,我們也沒有停留一步。一想到我們即將到達目的地,所有的辛勞都拋在了腦後。要知道我們的使命就要完成了!就連筋疲力盡的馬也彷彿感知我們急迫的心情。

我們到達了起義軍大敗西班牙人的佩拉雷傑。在曼占尼羅至巴亞莫的「皇家公路」，我們遇到了許多衣衫襤褸卻興高采烈的人們，他們正成群結隊地朝城裡奔去。唧唧喳喳、歡欣雀躍的交談聲使我聯想到自己在叢林中遇到的那些鸚鵡。他們終於可以返回到自己闊別已久的家園了。

從佩拉雷傑抵達巴亞莫城只需幾分鐘的路程。這原是一個擁有三萬人口的城市，但現在卻成了一個只有兩千人的小村莊。在巴亞莫河兩岸，西班牙人建了很多碉堡，進城後首先映入眼簾的就是這些小要塞，裡面的煙火還沒有熄滅。當古巴人返回這曾經繁榮的城市時，他們做的第一件事便是將這些碉堡付之一炬。

我們在河岸列隊，在格瓦西奧和洛佩茲與士兵說完話後，人馬繼續行進。我們停在河邊，讓馬飲水，準備養精蓄銳，走完最後一段通往古巴指揮官營地的路程。

我在這裡引用一下當天報紙的報導：「古巴將軍說，羅文中尉的到來極大地鼓舞了古巴軍隊。他的到來沒有引起任何注意，直到他騎著馬，在古巴嚮導的陪同下來到這裡，人們才看見他。」

幾分鐘以後我來到了加西亞將軍的駐地。

漫長而驚險的旅程終於結束了。苦難、失敗和死亡都離我們遠去。

我成功了！

我來到加西亞將軍的指揮部門前，看到古巴的旗幟在迎風飄揚。對於能夠代表政府在這樣一個特殊的地方見到加西亞將軍，我自然感到十分興奮。我們排成一列，紛紛下馬。將軍認識格瓦西奧，所以衛兵讓格瓦西奧先進去了。不一會兒，他和加西亞將軍一同走了出來，後者熱情地歡迎我，並邀請我和助手進去。將軍將我一一介紹給他的部下，這些軍官全都穿著整齊的白色軍裝，腰間佩帶武器，威風凜凜。將軍解釋了他剛才耽擱的原因，因為他在看從牙買加古巴軍方聯繫處送來的信，這是由格瓦西奧轉交給他的。

幽默真是無處不在。聯繫處在送給將軍的信中稱我為「密使」，可翻譯卻把這個詞翻譯成了「自信的人」。

早飯過後，我們馬上開始談論正事。我向加西亞將軍解釋說，我所執行的純屬軍事任務，儘管離開美國時攜帶的是外交信函。總統和軍事作戰部急於了解有關古巴東部形勢的最新情報（美方已經向古巴中部和西部派遣兩名軍官，但他們都沒能到達目的地）。美國必須了解西班牙軍隊占領區的情況，包括西班牙兵力的多少和部署、他們的指揮官（特別是高級指揮官）的脾性、西班牙軍隊的士氣、整個國家和每個地區的地理條件和路況消息，以及任

何與美國作戰部署有關的消息。最後，最重要的是美軍與古巴軍隊聯合或分開作戰的計畫。我還告訴將軍，美國政府希望能得到關於古巴軍隊兵力方面的消息，以便於協同配合。如果將軍覺得合適的話，我很希望能留下來親自了解所有這些消息。

加西亞將軍沉思了一會兒，讓所有的軍官先退下，只留下他的兒子加西亞上校陪著我。大約 3 點鐘的時候，將軍回來告訴我，他決定派三名軍官陪我回美國。這三名軍官都在古巴生活多年，個個訓練有素、經驗豐富、久經考驗，也十分了解自己的國家，他們完全有能力回答前面提出的所有問題。即便我留在古巴幾個月，也不一定能夠得出一個完整的報告。既然時間緊迫，必須讓美國儘早獲得情報，這樣對雙方都更有利。

他進一步解釋說，他的部隊需要武器，特別是可以用來摧毀碉堡的大砲。另外，他目前彈藥匱乏，還急需大量步槍以重新裝備他的部隊。

加西亞將軍派了一位著名的指揮官 —— 克拉索將軍、赫爾南德茲上校以及非常了解當地各種疾病情況的維塔醫生跟我一起返回，另外還有兩名熟悉北部海岸的水手隨行。如果美國決定為古巴提供軍事裝備，他們在運送物資的遠征中一定能發揮作用。

「你還有什麼問題嗎？」

我還有什麼問題嗎？

在這九天的長途跋涉中我走過了各種地形，我真希望有機會好好看看古巴的土地。但是面對將軍的問話，我毅然地回答：

「沒有！先生。」

加西亞將軍的建議十分英明，憑著他的指揮和對時局敏銳的掌握，不僅僅使我免除了幾個月的勞累，而且為我們的國家，也為古巴贏得了寶貴的時間，這對整個戰爭的勝利是非常重要的。

接下來的兩個小時裡，我受到了非正式的熱情接待。正式的宴會在5點鐘進行，結束時他們通知我護送我的人已經等在門口。我來到大街上，很驚奇地發現隊伍裡沒有和我一同前來的嚮導和朋友。我詢問了格瓦西奧等人的情況。原來，格瓦西奧想陪我回美國的，但加西亞將軍沒有同意，因為南部海岸的戰爭還需要他，而我要從北部返回。我向將軍表達了我對格瓦西奧和他的船員的感激之情。我與將軍以純正拉丁式的擁抱作了告別，然後騎上馬，與三個護衛者一起向北疾馳。

我終於把信交給了加西亞將軍！

送信給加西亞的行程充滿了危險，與我返回的行程相

比也更重要得多。我見識了這個美麗的國度，一路上得到了那麼多人的幫助，他們給我做嚮導，為我引路，勇敢地保護著我。但是現在戰爭已經爆發，西班牙人變得更警惕了。他們的士兵在四處巡邏，不會放過任何一個海岸，不會放過每一個海灣和每一條船。他們的大砲隨時都會轟擊可疑目標。而我無論從哪個角度判斷都是他們眼中的間諜，一旦被發現就意味著死亡。咆哮的大海使我意識到：成功的背後是連續不斷的、一次接著一次的艱苦航程。

但是我們必須努力，必須成功，不然我的使命就會前功盡棄。這可是在相當程度上關係到戰爭的勝敗呀！

一路上，同伴們和我都提心吊膽，保持著最大的警覺，不敢稍有疏忽。我們小心翼翼地穿過了古巴，向北出發，很快到達了西班牙軍隊控制下的考託。這是一個河口，停泊著幾艘小炮艇，對面還構築了巨大的碉堡，裡面裝著大砲，瞄準河口。

如果被西班牙士兵發現，我們就全完了。但是藝高人膽大，勇敢成了我們的救星。最危險的地方往往是最安全的。敵人哪裡會想到一支身負重任的小分隊居然會選在這種戒備森嚴的危險地方上岸？

我們所搭乘的是一艘小船，體積只有一百零四立方英尺。我們將黃麻袋拼湊到一起當壓艙物，餓了就吃熟牛

肉和水。就在這樣的簡陋條件下，我們用這艘船航行了一百五十英里來到了北部的拿騷島，西班牙的快速驅逐艦經常在此巡邏。

但是完成任務的使命感讓我們無所畏懼，這是我們克服難關時的最大動力。

由於船無法承載六個人，維塔醫生帶著馬匹返回了巴亞莫。我們五個人將冒著西班牙人的槍林彈雨，駕著一葉扁舟憑機智取勝。

就在我們又準備啟程的時候，暴風雨突然降臨了，風暴來得十分可怕，它積蓄著異常猛烈的力量，直到大旋風的中心逼到頭上才開始發威，一時間浪濤洶湧，我們不敢貿然下水。但是，原地等候也同樣危險。現在是滿月，一旦颶風把雲彩吹散，敵人就會發現我們的行蹤。

但是，命運掌握在我們自己手中。

晚上 11 點鐘的時候我們決定啟航。此時正是烏雲滿天，遮住了月亮，就好像老天爺在掩護我們出發。大家各就各位，一人掌舵，四人划槳，奮力向前。漸漸地已看不見遠去的要塞。當時我的感覺簡直無法形容，好像隨時都會響起追擊我們的炮聲和機關槍的噠噠聲。我們的小船在浪濤中顛簸起伏，像水中的雞蛋殼似的被拋來拋去，隨時都有滅頂之災，全靠經驗豐富的水手們，裝在船裡的壓船

物經受住了考驗，我們總算又逃過一劫，衝出了險境。

漸漸地，極度的疲倦和單調的航行使得我們快要睡著了。

時間不長，突然一個巨浪打過來，差點把小船掀翻，小船浸滿了水。這下子誰都不能睡了，顧不得飢腸轆轆、神困體乏，趕緊一勺一勺地往外舀水。多麼難熬的漫漫長夜啊！也不知道過了多久，疲憊不堪的我們終於看到東方的海平線上泛起了一抹粉紅的、珠光般的絢麗光芒，直到太陽離開了海平線。

「快看，先生！」舵手們在喊。

所有人的心一下子又懸了起來。是不是遭遇了西班牙戰艦？那我們就在劫難逃了。

舵手用西班牙語喊著，我的其他同伴應和著。

難道真是西班牙戰艦？

幸虧不是！那是桑普頓將軍的戰艦，正破浪向東，攻擊敵人的艦隊！

我們都長舒了一口氣。

那一天真是酷熱難耐，但我們誰也睡不著，甚至不敢稍有放鬆。儘管美國戰艦出現了，但是西班牙的炮艇很快就能追上我們，將我們逮捕。夜幕降臨，我們五個人疲憊極了，幾乎支撐不住了，但是我們絲毫不能懈怠。半夜裡

颱起了風，風力很強勁，颱得小船嘎嘎作響，我們竭盡全力，使小船不至於傾覆。直到第二天早晨，5 月 7 日，我們緊繃的神經才終於鬆弛下來。大約上午 10 點，我們來到巴哈馬群島安得羅斯島的南端一個名叫克裡基茨的地方。我們總算可以登陸，短暫地休息一下了。

當天下午，在十三個黑人船員的協助下，我們徹底地檢查和清理了小船。這些黑人操著古怪的語言，根本聽不懂，但是手勢語是通用的，所以我們很快就達成了交易。作為酬勞，我們給了他們一些豬肉罐頭和一個手風琴。我這輩子再也不想聽到手風琴的聲音了 —— 儘管我已經疲憊到了極點，但依然翻來覆去睡不著，因為刺耳的手風琴聲使得我根本無法入眠。

次日下午，當我們向西航行時，被檢疫官扣押了起來並關到豪格島上。他們懷疑我們得了古巴黃熱病。

但第二天我就設法給美國領事麥克萊恩先生帶去了口信。5 月 10 日，在他的安排下，我們獲釋了。5 月 11 日，這艘「無畏號」小船駛離了碼頭。

航行到佛羅里達海域可就沒那麼幸運了。12 日一整天無風，小船無法航行。直到夜晚微風吹動，我們才順利到達基維斯特。

我們沒有逗留，乘當晚的火車趕到塔姆帕，又在那裡

換乘一列火車前往華盛頓。

我們終於在預定的時間趕到了目的地。我隨即向戰爭統帥部祕書羅塞爾·阿爾傑作了彙報。他認真聽了我的講述，並讓我帶著加西亞將軍的部屬再向邁爾斯將軍報告。邁爾斯將軍接到我的報告後，給統帥部寫了一封信。信中說：「我建議美國第十九步兵部隊的一等中尉安德魯·羅文升為騎兵團上校副官。羅文中尉歷經艱險，完成了古巴之行，在古巴起義軍和加西亞將軍的協助下，為政府帶回了最寶貴的情報。這是一項艱鉅的任務，我認為羅文中尉表現出了英勇無畏的精神和沉著機智的作風，他的事蹟將成為戰爭史上光輝的一頁。」

在我返回一天後，在邁爾斯將軍的陪同下我參加了內閣會議。會議結束時我收到了麥金利總統的賀信，他感謝我把他的願望傳達給了加西亞將軍，並高度評價了我的表現。

賀信中的最後一句話是：「你完成了一項了不起的任務！」這使我第一次意識到，我完成了超出我職責範圍的更多的任務。一個軍人的天職就是：「不要問為什麼，而是服從命令，然後去完成它。」

我已經把信送給了加西亞。

安德魯·薩默斯·羅文：

美國軍官，1881 年畢業於西點軍校。在美西戰爭中立功之後，他曾服役於菲律賓和美國其他地區，於 1909 年退役。1943 年逝世。

古巴

故事發生於 1898 年，當時正值美國與西班牙為爭奪古巴而爆發美西戰爭。

加西亞是古巴革命英雄，是古巴反抗西班牙殖民統治（1868 年－ 1878 年的十年獨立戰爭）的起義軍領導人。他因為自己的反抗活動而被捕入獄，直到 1878 年底才獲釋，但恢復自由後很快又被逮捕。1895 年，他到了美國，擔任古巴起義軍的首領，在美西戰爭中發揮了重要作用。他於 1898 年在華盛頓去世，是與美國總統麥金利商討古巴事宜的委員會成員之一。

自動自發

（美）阿爾伯特·哈伯德著

有些熟悉的話，我們常常能夠聽到：

「現在已是午餐時間，你 3 點以後再打來。」

「那不是我的工作。」

「我現在太忙了。」

「那是漢曼的工作。」

「我不知道能怎樣幫你。」

「你去圖書館試過了嗎？」

「這件事我們現在辦不了。」

「你還可以再補充一些，是嗎？」

　　一天，我到一家百貨商店去買東西。到了我要去的櫃檯前，可是店員卻把我帶到了別的地方。你知道嗎，在我得到自己需要的東西之前，我被店員帶著走了商店裡四個櫃檯。此時如果有人能打出一幅杜魯門總統（Harry S. Truman）的座右銘：「責任到此，不能再推！」該是多麼令人振奮啊！

別擔心，在這些令人失望的話語和司空見慣的事情之外，也有一些與此相反的事例。

斯拉是一家大公司裡辦公室的打字員。一天同事們出去吃飯了，這時，一個董事經過斯拉的辦公室時停了下來，他想找一些信件。按理說這並不是斯拉的分內工作，但是她仍然說道：「儘管我對這封信一無所知，但是達斯先生，讓我來幫助您處理這件事情吧！我會盡快找到這封信並將它放到你的辦公桌上。」當斯拉最終將董事所需要的東西放在他面前時，董事表現得特別高興。

故事並沒有就此結束。一個月後，斯拉被提拔到一個更重要的部門工作，並且薪資提高了 30％。猜猜是誰在其中產生了作用？正是那位董事。在一次公司的管理會議上，針對一個更高職位的工作空缺，董事推薦了斯拉。

世界上絕少有這樣的好事：報酬豐厚，卻不需要承擔任何責任。一時不負責任自是有可能，但要永遠不承擔責任則會讓你付出巨大代價。責任從前門進來時，你卻從後院偷偷溜走了，要小心，你失去的將是伴隨責任而來的機會！就大部分職位來說，報酬與你所承擔的責任是成正比的。

對一個成功者來說，主動要求負擔更多的責任或是自動承擔責任是必備的要素。即使沒有人正式告知你要對某

事負責，你也應該盡最大努力做好它。在你表現出勝任這一工作之後，責任和報酬自然會接踵而來。

「我沒空！（I haven't time!）」，堪稱英文中代價最高的三個字，這幾個字可能會使你付出數倍的代價。沒有空，就能因此放棄和家人相處的快樂？沒有空，就能對那些日益嚴重的錯誤視而不見？沒有空，就能放任身體對休息和運動的需求？不論何種情況，不要讓「沒有空」成為阻礙你獲得幸福的藉口。

有兩種人永遠落後於別人：一種是只做被要求的工作，另一種是做不好被要求的工作。很難說哪一種更令人失望，但是歸根究柢，他們都會是第一個被裁掉的人，或是在一個乏味低下的工作職位上窮其一生。

根據上面提到的任何一種理念做事，也許你可以躲過一時，卻永無成功之日。在前工業時代，儘管需要聽命行事的能力，但主動進取的個人也更受歡迎。對於下一步的行動有所決定，就應該立刻行動起來，無需等到別人交代。在你對公司的策略規劃和自己的工作職責清楚了解之後，就能預知到該做些什麼，然後立即著手！

有一種東西，人們給予了它盛大的褒獎，不只是錢，還有榮譽，那就是自動自發的精神。何為自動自發的精神？自動自發的人就是在無人告知的情況下主動積極完成

工作的人，也就是指那些能把信帶給加西亞的人。那些把信送給加西亞的人獲得了極高的榮譽，儘管有時他們的報酬並不與此成正比。

另外一些人，通常在被告知過兩次後才會有所行動，這類人既得不到榮譽也得不到金錢。主動去做應該做的事情是最好的狀況，當被告知時立即去做緊隨其後。

還有一類人，只有在貧困無路之時才會去做事。這類人常常被漠視，也不會得到正當的報酬，他們一生中大部分時間都用來祈禱幸運之神降臨。更末等的人，只有當某人在後面用勁踢他時，才不得不去做事，這種人大半輩子都辛苦工作，同時不停地抱怨運氣不佳。

然而，最為嚴重的是這樣一類人：即使某人主動告知並向他們示範，且在一旁督促他們做，他們仍然不能用心地做事。這類人總是不停失業，在他們應得的藐視中生活。命運之神總是會很耐心地在擁擠人群的另一端等待著這類人失魂落魄。

「你，屬於上面哪一類人呢？」

第一章

〈對待工作，需要勤奮〉

· ·

· ·

ACCEPTS ☐   REGRETS ☐

你之所以工作不是僅僅為了獲取薪水

　　工作固然是為了生存，但是比生存更可貴的，就是在工作中充分發掘潛能，施展才幹，做那些正直而純正的事情。如果僅僅是為了麵包而工作，那麼生命的價值也未免太低俗了。

　　有這樣一些年輕人，當他們躊躇滿志地離開校園時，總對自己有很高的期許，認為從事第一份工作時就應該得到重用，就應該獲得優越的報酬。他們喜歡相互攀比薪水，薪水的多寡似乎成了他們衡量一切的標準。實際情況是，這些社會的新鮮人沒有工作經驗，難以承擔重任，薪資當然也不會很高，於是他們的怨言在不斷增加。

　　也許在成長的過程中曾經歷過或是聽說過父輩和他人被老闆無情解雇的事例，現在的年輕人往往較上一代人更冷酷、更嚴峻地看待社會，因而也就更加現實。在他們看來，我為公司工作，公司付我一份薪水，就是等價交換而已。除薪水以外，他們沒有看到任何東西，在校園裡編織的美好幻想逐漸破滅。漸漸失去了信心，失去了熱情，在工作時總是得過且過，能少做就少做，能躲避就躲避，敷

衍了事，以此來報復他們的雇主。他們認為對得起自己賺的薪水就好，卻從未想過是否對自己的前途有益，是否能回饋家人和朋友的期待。

這些年輕人的問題，在於不能正確地認知和理解酬勞的意義。大多數人因為眼前的薪資太微薄，而放棄了比薪資更重要的東西，這不得不說是一個遺憾。

不為薪水而工作，因為薪水只是工作的眾多報酬之一，雖然是最直接的一種，但也是最容易讓人短視的。只為薪水而工作，沒有更高尚的目標，這是愚蠢的人生選擇，終有一天會發現，受害最深的不是別人，正是自己。

僅以薪水為奮鬥目標的人無法脫離平庸的生活，也無法獲得真正的成就感。雖然薪資的確是人們工作時追求的東西，但是從工作中能真正獲得的卻不僅是裝在信封中的鈔票。

心理學家們發現，在達到某種程度之後金錢就不再具有誘惑力。也許你還無法達到那種境界，但如果你認真扣問內心，就會發現金錢只不過是眾多報酬之一。去請教那些事業有成的人們，詢問在薪水低微時，他們是否一直從事自己的工作，我相信，大多數的回答是：「是的！我沒有絲毫改變，因為我熱愛自己的工作。」

　　想要登上成功的巔峰，最正確的做法是選擇一份即使薪水不多，也有熱忱做下去的工作。當你真心熱愛自己所從事的工作時，豐厚的薪水就會翩然而至。雇主將競相聘請你，並且提供更優厚的酬勞。

　　不要為薪水而工作。工作固然是為了生存，但是比生存更可貴的，就是在工作中充分發掘潛能，施展才幹，做那些正直而純正的事情。如果僅僅是為了麵包而工作，那麼生命的價值也未免太低俗了。

　　滿足生存需求並不是人生的終極追求，人們還需要更高層次的需求，需要更高層次的動力驅使。不要放縱自己，告誡自己工作不僅是為賺錢 —— 人們值得有比薪水更高的理想。

　　工作的品質與生活的品質息息相關。無論薪資高低，在工作時竭盡全力、銳意進取，從而獲得內心的安寧，通常即是事業成功者與失敗者的不同之處。在工作時散漫怠惰的人，無論在哪個領域都不可能獲得成功。僅僅將工作當做謀取生計的工具，這種想法本身就應該唾棄。

▋工作帶給你比薪水更加重要的是個人成長

　　總是在思索自己到底該拿多少薪水的人，又怎麼能看到工作所帶來的成長機會呢？他又怎麼能意識到透過工作獲得的技能和經驗，對自己的未來將會產生多大的影響呢？

　　為薪水而工作，看起來目標明確，但卻是被眼前利益遮蔽了心智的行為，使我們看不清未來發展的道路。

　　那些因為薪資微薄而對工作不盡心的人，固然損害了雇主的利益，但是這樣的境況日復一日，無異於浪費自己的生命，斷送自己的希望，最終只能庸碌無為地度過狹隘的一生。他們將自己的才能淹沒，將自己的創造力拋棄。

　　面對微薄的薪資時，你應當懂得，老闆給予你的工作報酬固然是金錢，但你在工作中能獲得其餘的報酬，其價值比金錢要高出千萬倍，那就是珍貴的經驗、良好的培訓、才能的展現和品格的完善。一份工作給予你的，要比你為之付出的多更多。將工作看做學習經驗的累積過程，那麼，每一項工作中都包含著個人成長的機會。

　　讓我誠懇地告訴你們，當初入社會時，年輕人，不要

過多考慮薪資的多少，而應該重視工作本身帶給你們的回饋。例如提升自身的技能，增加個人的社會經驗，完善獨特的人格魅力……微薄的薪水與你透過工作獲得的技能與經驗相比，顯得是那麼微不足道。要記住，雇主支付給你的是金錢，而你賦予自己的則是受益終身的黃金。

能力比金錢重要萬倍，因為它不會遺失也不會被偷盜。仔細觀察那些成功人士，你會發現他們並非始終位於成功的頂峰，跌宕起伏的人生有多少次攀上頂峰又墜落谷底，但始終伴隨他們左右的，唯有能力。正是能力幫助他們失而復得，笑看人生。

對於傑出人士所具有的創造力、決策力以及敏銳的洞察力，不必去羨慕，因為這些並非與生俱來的天賦，在長期工作中也可以累積和學習到。在長久的工作中，他們更加了解自我，積極發現自我，最終使自己的潛力得到充分發揮。

不為薪資而工作，因為工作所給予你的要比你為它付出的更多。努力工作，不斷進步，良好的、沒有汙點的人生紀錄將為你在公司甚至整個工作領域贏得一個好名聲，良好的聲譽將使你受惠一生。

工作時總有些人喜歡「忙裡偷閒」，要麼是遲到、早退，要麼是與人閒聊，要麼是借出差之機遊山玩水……或

許這些人並未因此被減薪或解雇，但會得到負面的評價，也無法獲得提升。到了他們想另投別處時，會發現其他人也對他們缺乏興趣。

總是在思索自己到底該拿多少薪水的人，又怎麼能看到工作所帶來的成長機會呢？他又怎麼能意識到透過工作獲得的技能和經驗，對自己的未來將會產生多大的影響呢？將自己有意無意中裝在有限的薪水信封裡的人，永遠也不能知道自己真正需要關注什麼。如果你工作不計報酬，時候到了你會有意外驚喜。

別向任何人，就算是你最要好的朋友抱怨有關你的職位或薪資，因為你說出來的話總是會傳到雇主耳朵裡。而且，這樣的做法於你在工作上的成長以及其他方面的成長絕對無益。

人生有一條法則，就是人們通常所說的「有所施必有所獲」的因果法。

判斷一個人的品行，有時候透過這個人的工作態度就可見一斑。如果他在工作的任何時間都能夠全力以赴，從不敷衍了事、偷工減料，那麼就算他目前的薪資微薄，在不久的未來也一定有所改善。

大多數雇主都希望自己的企業能夠吸引那些極其富有才幹的員工，他們制定了完善的晉升制度和激勵機制。根

據每個員工的工作態度、努力程度和業績評估決定是否晉升和加薪。但凡在工作中盡職盡責、堅持不懈的人，終會等到獲得晉升的那一天，到了那時他們的薪資自然會隨之提高。

但是，精明而敏銳的雇主們在鼓勵員工時很少會說：「好好幹，做得好我會給你加薪的。」他們一般都會這麼說：「好好幹吧，把你的潛力大大地發揮出來，會有更多更好的機會在等著你呢！」其實，與責任和機會一起帶來的，自然是薪資的提高。

千萬不要擔心自己的努力會白白浪費。當你盡心盡力地工作時，相信你的雇主已經在旁邊悄悄關注到了你的一舉一動。記住：在你擔心該如何多賺一些錢之前，更多地花心思去想想如何把工作做得更好。這樣一來，你基本上就不需要為錢多錢少而擔憂了。別試圖絞盡腦汁說服你的雇主，讓他接受給你加薪的理由。心甘情願地貢獻自己應該在工作上付出的時間和精力，在你所遇到的每一份工作中竭盡所能，你會發現，最終你的薪資報酬在一步一步提升。

卡羅·道恩斯最初是一名普通的銀行職員，後來他受聘於一家汽車公司。在努力工作了 6 個月之後，他想試試是否有提升的機會，於是有一天直接寫信向雇主杜蘭特毛

遂自薦。雇主給他的答覆是：「任命你負責監督新廠機器裝置的安裝工作，但是並不因此保證加薪。」

道恩斯從來沒有受過任何關於工程方面的訓練，他壓根就看不懂圖紙。但是，他心裡不願意放棄這個機會。於是，他想出了一個辦法，自己花錢找到一些專業的技術人員順利完成了安裝工作，最重要的是，他提前整整一個星期完成了任務。結果，他不但獲得了雇主的賞識和提升，而且薪資也一下增加了 10 倍。

雇主後來告訴他說：「我知道你看不懂圖紙，但如果你只是藉一個理由推掉這項工作，我可能會讓你走人。」後來，成為千萬富翁的道恩斯退休後擔任南方政府聯盟的顧問，他的年薪只有象徵性的 1 美元，但是他仍然為了這份職責而不遺餘力，樂此不疲。因為「不為薪資而工作」，早就已經成為他的一種行為習慣和人生態度。

一般情況下，一些原本職位卑微薪資頗少的人，忽然間一下被提升到一個相對重要的位置，似乎會讓許多人覺得莫名其妙，並且整件事情都會遭到人們的質疑。但事實是，這些人，從他們拿著微薄的薪資時起，他們就沒有放棄過努力，並且始終保持一種盡善盡美的工作態度。無論在何種境地，他們都滿懷希望和熱情地朝著自己的理想去努力，在盡力的過程中獲得了豐富的經驗和信心，而這些

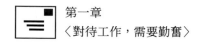
正是他們獲得晉升的真正原因。

如果你做每一件工作都是那麼不計報酬地投入，熱忱而友善。那麼，你就把自己跟那些花費大部分時間計較報酬、福利、薪資和下班時間的人區分開來了。

記住：別向任何人，就算是你最要好的朋友抱怨有關你的職位或薪資，因為你說出來的話總是會傳到雇主耳朵裡。而且，這樣的做法於你在工作上的成長以及其他方面的成長絕對無益。

▌智慧地看待得失關係，不為當下斤斤計較

當你在付出自己的努力時，一定要懂得耐心等待，等待自己的成長和豐富，等待他人的信任和賞識。總有一天，你能得到重用，能向更遠的目標衝鋒。

話又說回來，如果我們發現自己的雇主並不是一個想像中的有心人，也就是說他並沒有注意到我們所付出的努力，更沒有給予我們與之相應的回報。那麼，也請不要懊喪。我們可以從一個更加長遠的角度來思考：因為現在的努力不是為了現在有回報，而是為了未來有收穫。我們投

身於商業是為了自己，是為自己而工作，當然，我們的工作也使別人受益。人生並不是只有現在，我們有更長遠的未來。固然，多賺些薪資是現實的需求，但從長遠來看，這只是個短期的小問題，最重要的是獲得豐富的經驗，以贏得不斷晉升的機會，為將來獲得更多的收入夯實基礎。何況，生存問題需要透過發展來解決，如果鼠目寸光，眼光只盯著溫飽，得到的便永遠只有溫飽。

在工廠手工業時代，男孩們為了掌握一門手藝常常拜師學藝很多年，卻無法拿到一分錢的薪水，但他們對此毫無怨言，因為他們知道自己要什麼。可是現在的年輕人在學本事的同時還可以拿薪水，反而還抱怨不已。究其原因在於兩者對於薪資看法不同，但更深的原因在於二者看問題的角度大相逕庭。在手工業時代的男孩和家長看來，如果有一個好的學習技能和知識的機會，這種機會非常難得，他們現在的一切努力和付出都是為了未來能夠創辦屬於自己的作坊和店鋪。而現代年輕人則更注重眼下利益，賺錢的目的就是為了眼前的消費和享受。

時代變了，注重現實利益本身並沒有錯。問題在於現在的年輕人比較短視，不太重視個人能力的培養和累積，他們在現實利益和未來價值之間沒有找到一個有效的均衡點。

　　一時的捨棄是為了將來更好的得到。儘管目前薪資微薄，但是，我們自己應該有這樣的認知：雇主交付給我們的任務能夠鍛鍊我們的意志和耐性，上司分配給我們的工作能挖掘我們的才能和潛力，與同事的合作能培養我們的人格和性情，與客戶的交流能訓練我們的品性和習慣。這樣看來，企業是我們學習和生活的另一所學校，工作能夠豐富我們的思想，增添我們的智慧。

　　舉例來講，我們都知道俾斯麥，別的方面姑且不談，但在這一點上，他有非常值得我們學習的地方。俾斯麥當初在德國駐俄外交部工作時，薪資很低，但是他卻從來沒有因為自己的低薪水而放棄工作。事實證明，在那裡他學到了很多外交技巧，也鍛鍊了自身決策能力，這一切對他後來的政治生涯影響深遠。

　　其實，許多商界名人在開始工作時收入都不高，但是他們的不同之處在於，他們從來沒有將眼光局限於此，而是始終不渝地努力工作。想想看，最後當他們在事業上功成名就之時，我們又如何衡量他們收入的多少呢？！

　　因此我們在工作時，要時刻告誡自己：我現在的努力是為了自己的現在和將來。無論你現在的薪水是多還是少，都要清楚地明白，那只是你從工作中獲得的一小部分。不要把太多精力和時間用來抱怨你的薪水，而應該花

大筆的時間去接受新的知識，培養自己的能力，展現自己的才華，因為只有這些東西才是你真正擁有的無價之寶。在你未來的資產中，它們的價值比重遠遠超過了現在所累積的貨幣資產。當你從一個沒有經驗的新手、一個無知的員工成長為一個熟練的、高效的管理者時，你實際上已經大有收穫了。當你在其他公司甚至自己獨立創業時，充分發揮這些累積而來的才幹和經驗，你會發現你獲得了更高的回報。

不可否認，你的雇主可以控制你的薪水。可是，只要你願意，他無法遮住你的眼睛，捂上你的耳朵，阻止你去思考、去學習。換句話講，他無法阻止你為將來所付出的代價，也無法剝奪你因此代價而得到的回報。

許多員工總是在為自己的懶惰和無知尋找理由。有人說雇主對他們的能力和成果視而不見，有人會說雇主太吝嗇，付出再多也得不到相應的回報……在抱怨的時候，他們忘記了沒有任何人一開始工作就能發揮全部潛能，就可以出色地完成每一項任務。這就說明，很少有人一開始就能拿到很高的薪水。因此，當你在付出自己的努力時，一定要懂得耐心等待，等待自己的成長和豐富，等待他人的信任和賞識。總有一天，你能得到重用，能向更遠的目標衝鋒。

　　所以，如果在工作中遭遇挫折，如果你認為自己的薪水太低，如果你發現一個不如你有才幹的人成為你的上司，也千萬不要氣餒。因為誰也無法搶走你擁有的無形資產——你的品格、你的態度、你的技能、你的經驗、你的決心和信心，而這一切最終都會帶給你豐盛的回報。

　　不要對自己說：「既然雇主給的少，我就天經地義的要幹的少，沒必要費心地去完成每一個任務。」也不要因為自己賺的錢少，就安慰自己說：「算了，我技不如人，能拿到這些薪水就知足了。」消極的思想、不是事實本身的自我否定，會讓你看不見自己的潛力，會讓你失去前進的動力和信心，會讓你放棄很多寶貴的機會，最終使你與工作上的成功失之交臂，辜負了上帝賜給你的天賦。

　　也許我們無法命令雇主做什麼，但是我們在做事的過程中卻可以讓自己按照最佳的方式行事；也許雇主不是很有風度，但是我們應該要求自己做事時有原則。因為別人的錯誤而懲罰自己，這是非常愚蠢的。千萬不要因為雇主的缺點而不努力工作，從而埋沒了自己的才華，拆毀了自己的未來。總之，不論你的雇主有多尖酸苛刻，你都不能以此為由而放棄自己要走的路程。

　　試比較兩個具有相同背景的年輕人。一個熱情主動、積極進取，對自己的工作總是精益求精，總是為公司的利

益著想，而另一個總是嫌自己的薪資太低，總是喜歡投機取巧，總是把自己的利益放在第一位。試想：如果你是雇主，你會雇傭誰？或者說，你會給他們哪一個更多的發展和晉升的機會呢？

的確，世界上大多數人都在為薪資而工作，薪資是他們的主人，他們是薪資的奴隸。如果你能不為薪資而工作，你能持守自己在工作上應有的本分，你就超越了芸芸眾生，邁出了奔向豐盛成就的第一步。無論在什麼時候。千萬不要貶低自己的工作能力。

如果一個人輕視自己的工作。把它當成和別人眼中一樣的低賤之事，那麼他絕不會認真工作，也對自己缺乏必要的尊敬。

無論你貴為君主還是身為平民，無論你是男還是女，是老還是少，都不要看不起自己的工作。如果你認為自己的勞動是卑賤不如人的，那你就犯了一個巨大的錯誤，因為事實不是這樣。

羅馬一位演說家曾經說：「所有手工勞動都是卑賤的職業。」從此，羅馬的輝煌歷史就成了過眼雲煙。亞里斯多德（Aristotle）也曾說過一句讓古希臘人蒙羞的話：「一個城市要想管理得好，就不該讓工匠成為自由人。那些人是不可能擁有美德的。他們天生就是奴隸。」

很可惜的是，今天同樣有許多人認為自己所從事的工作是卑賤的、是低人一等的。他們身在其中，只是迫於生活的壓力而勞動，卻無法意識到其價值之寶貴。一個輕視自己所從事的工作的人，自然無法樂於投入全部身心。於是他們在工作中敷衍塞責、得過且過，將大部分心思用在如何擺脫現在的工作環境上。我們相信，這樣的人在任何地方都不會有所成就。

在這個世界上所有正當合法的工作都是值得尊敬的。只要你誠實地勞動和創造，沒有人能夠貶低你和你所從事的工作的價值，關鍵在於你如何看待自己的工作。那些只知道要求高薪，卻不知道自己應承擔的責任的人，無論對自己，還是對雇主，都是沒有價值的。但奇怪的是，世界上到處是這樣的人。

也許某些行業中的某些工作看起來並不高雅，工作環境也很差，從而無法得到社會的承認。但是，請你不要無視這樣一個事實：有用，才是偉大的真正標準。在當今許多年輕人看來，公務員、銀行職員或者大公司白領才稱得上是光鮮體面的人。很多人甚至寧願等待漫長的一段時間，目標是去謀求一個公務員的職位。但是，要知道，同樣的時間他完全可以透過努力，在現實的工作中找到自己的位置，並且發現自己的價值所在。

工作本身沒有貴賤之分，但是，人們對待工作的態度卻有高低之別。一個人是否能做好事情，只要看他對待工作的態度就略知一二。而一個人的工作態度，又與他本人的品格性情和成熟度有著密切的關係。一個人對待工作的態度，幾乎反映了他在這個階段對待生命的態度。雖然一個人的職業只不過是他生命的一個部分，但是，透過一個人的工作態度，在某種程度上，就對那個人現階段的人生狀態有了一定了解。

如果一個人輕視自己的工作，把它當成和別人眼中一樣是低賤的事情，那麼他絕不會認真工作，也對自己缺乏必要的尊敬。因為看不起自己的工作，沒有認同感，所以倍感工作艱辛、煩悶，工作自然也不會做好。當今社會崇尚快速致富，許多人不尊重自己的工作，不把工作看成是使自己成長的工具，是創造一番事業的必經之路，而僅僅將它視為衣食住行的供給來源。他們認為工作是生活的代價，自己在這件事情上完全被動。工作是無可奈何的、不可避免的勞碌，這是多麼錯誤的觀念啊！

其實，往往是一些被動適應生活的人，他們看不起自己的工作，他們不願意奮力崛起，努力改善自己的生存環境。對於他們來說，好像公務員更體面，更有權威性；他們不喜歡商業和服務業，不喜歡體力勞動，自認為應該活

得更加輕鬆，應該有一個更好的職位，工作時間更自由。他們總是固執地認為自己在某些方面更有優勢，會有更廣泛的前途，但事實上並非如此。你會發現，問題不在於他處在什麼位置，而在於他自己的價值觀不健全。

那些看不起自己工作的人，實際上是人生的懦夫。他們有所不知，與輕鬆體面的公務員相比，商業和服務業其實需要付出更艱辛的勞動，需要更實際的能力。當人們害怕挑戰時，就會找出許多藉口和理由避免被挑戰，久而久之就失去了戰鬥力和進取心。這些人在學生時代可能就非常懶散，一旦通過了考試，便將書本拋到一邊，並且就此以為走上了人生的坦途。他們對於什麼是理想的工作，有許多錯誤的認知（如果說他們對於工作還存有什麼理想的話）。萊伯特對這種人曾提出過警告：「如果人們只追求高薪與政府職位，是非常危險的。它說明這個民族的獨立精神已經枯竭；或者說得更嚴重些，一個國家的國民如果只是苦心孤詣地追求這些職位，會使整個民族像奴隸一般地生活。」

天生我材必有用，只想輕鬆過活會給我們帶來巨大的不幸。有些年輕人使用自己的天賦來創造美好的事物，為別人和社會作出了貢獻；另外有些人成天怨天尤人，畏首畏尾，浪費了天生的資質，到了晚年只能望天抱憾。上帝

給了每一個人當有的價值，我們本來都可以創造輝煌的人生，結果卻因為對自己了解不夠，與成功失之交臂，這樣的結果不能不說是一個巨大的遺憾。一個農夫，既有可能成為華盛頓之類的人物，也可能終日在田間晒太陽，晃晃蕩蕩一直到老。

切勿忽略每一件事情蘊含的價值和意義，尤其是小事

　　無論幸運與否，每個人都必須從工作本身能夠創造的益處去理解和持守工作的價值，這樣才能保持個性的獨立。

　　每一件對人對己有益的事都值得我們去做，而且都應該用心地去做。

　　羅浮宮收藏著莫內的一幅畫，描繪的是女修道院廚房的情景。畫面上正在辛勤工作的不是普通的人，而是天使。一個天使正在架水壺燒水，一個天使正優雅地提起水桶，另外一個天使穿著廚衣正伸手去拿盤子 —— 你看，即使日常生活中最平凡最不起眼的事，也值得天使們全神

貫注、一心一意地去做。

行為本身並不能代表其自身的屬性，它的意義蘊含於我們行動時的精神狀態。工作是否單調乏味，往往取決於我們做它時的心境。

人生的目標價值貫穿於我們的整個生命，正是你在工作中所持的態度，使你與周圍的人區別開來。日出日落、潮漲潮落，它們或者使你更開闊，或者使你更狹隘，或者使你的工作變得更加高尚，或者使它變得更加鄙俗。

我們不知道，每一件事情對人生都具有十分深刻的意義。你是磚石工或是泥瓦匠嗎？那麼，你可曾在磚塊和砂漿之中看出詩意？你是圖書管理員嗎？經過辛勤勞動，在整理書籍的縫隙，你是否感覺到自己已經更加耐得住寂寞了？你是學校的老師嗎？是否對按部就班的教學工作感到厭倦，還是一見到自己的學生，你就變得非常有成就感，所有的煩惱都拋到了九霄雲外了？

如果只從他人的眼光來評估我們自己的工作，或者僅用世俗的標準來衡量我們手頭的工作，你會發現你的工作是毫無生氣、單調乏味的，彷彿沒有任何意義，沒有任何吸引力和價值可言。這就好比我們從外面觀察一個大教堂的窗戶。從外面來看，大教堂的窗戶布滿了灰塵，彷彿光

華已逝，只剩下單調、破敗和灰暗。但是，一旦我們跨過門檻，走進教堂，立刻就看見絢爛的色彩、清晰的線條。金色的陽光穿過窗戶在奔騰跳躍，形成了一幅幅美麗的圖畫。

我們可以由此得到這樣的啟示：人們因為自身的有限，看待問題的方法是有局限的，我們常常只看到事情的某個方面，但要想對事情有相對全面的認知，我們必須從內部去觀察才能看到事物真正的本質。有些工作只從表象看也許索然無味，只有深入其中，才可能了解到其意義所在。因此，無論幸運與否，每個人都必須從工作本身能夠創造的益處去理解和持守工作的價值，這樣才能保持個性的獨立。

記住，每一件事都值得我們去做。不要小看自己所做的每一件事，即便是最普通的事，也應該全力以赴、盡職盡責地去完成。一步一個腳印地向上攀登，便不會輕易跌落，這是一個人成長的必經之路。透過工作獲得真正的力量的祕訣就蘊藏在其中。

▌工作不是賣命，而是人生的一種樂趣

成功者樂於工作，並且能將這份喜悅傳遞給他人，吸引大家不由自主地接近他們，心醉於與他們相處或共事。

即使你的處境再不如人意，也不應該厭惡自己的工作，你告訴自己，世界上再也找不出比這更糟糕的事情了。如果環境迫使你不得不做一些令人乏味的工作，你就應該想方設法使之充滿樂趣和歡樂。以這種積極的態度投入工作，無論做什麼，都很容易取得良好的效果。最重要的是，你在這個過程中學會了忍耐、老練以及盼望。

工作，對人而言，只是用來造就我們生命的一個工具。透過工作，人可以學習；透過工作，人可以獲取經驗、知識和信心。你對工作投入的熱情越多，決心越大，工作效率就越高。當你抱有這樣的熱情時，上班就不再是一件苦差事，工作就變成一種樂趣，慢慢地，你會感染周圍的人。最終就會有許多人因為你的熱情，因為你的敬業，願意聘請你來做你所喜歡的事。工作是為了自己更快樂，它是人生的一件禮物。如果你每天工作八小時，你就等於在快樂地游泳，這是一個多麼合算的事情啊！

　　我見過許多在大公司工作的員工，他們擁有淵博的知識，受過專業的訓練，他們朝九晚五穿行在辦公室裡，有一份令人羨慕的工作，拿一份不菲的薪資，但是我知道，他們並不快樂。他們其實是一群孤獨的人，不喜歡與人交流，不喜歡星期一；他們視工作如緊箍咒，他們工作，僅僅是為了生存而不得不做；他們長期精神緊張，壓力繁重，未老先衰，並且很多人患胃潰瘍和精神官能症（Neurosis）。是的，他們的健康真是令人擔憂。

　　當你在樂趣中工作的時候，就該愛你所選，不輕言變動。如果你開始覺得壓力越來越大，情緒越來越緊張，在工作中無法感受到樂趣，沒有喜悅與滿足感，就說明有些事情不對勁了。這時你要停下來檢視一下，不對勁的也許不是工作本身，很有可能是我們看待工作的態度出現了問題。如果我們不從心理上調整自己，即使換一萬份工作，那種壓力感也不會有所改觀。

　　如果能以精益求精的態度、火焰一般的熱忱，充分發揮自己的特長，清楚自己的工作能夠帶給別人益處，並且歡快地投入其中。那麼，不論做什麼樣的工作，你都不會覺得辛勞，反而會饒有興致。如果我們能以滿腔的熱忱去做最平凡的工作，你會發現你照樣也能成為最精巧的藝術家；相反，對於最不平凡的工作，如果你以毫無熱情的態

度去做，你也絕不可能成為藝術家。因此，各行各業都有施展才能的機會，實在沒有哪一項工作是可以被藐視的。

如果一個人長期鄙視、厭惡自己的工作，那麼，他必遭失敗與挫折。引導一個人在工作上成功的磁石，不是對工作的鄙視與厭惡，而是真摯、樂觀的敬業精神和百折不撓的毅力。

無論你的工作是怎樣被別人視作卑微，你都當付之以藝術家的精神，當付出十二分的熱忱。你知道自己沒有勞碌辛苦的感受，你也知道自己沒有厭惡鄙棄的感受。隨著時間的推移，你會從平庸的境況中脫穎而出。我常常聽到一些剛剛畢業的大學生抱怨自己所學的專業，於是我試著向他們提出這樣的問題：如果你所學的專業與個人的志趣南轅北轍，那麼，當初為什麼會選擇它呢？如果已經為你的專業付出了四年的時光甚至更多的時間，這說明你對自己專業雖然談不上熱愛，但至少可以忍受。那麼，為什麼不朝積極的方向去行動呢？

仔細想想，所有的抱怨不過是逃避責任的藉口，無論對自己還是社會都是不負責任的。看一下亨利・凱撒 —— 一個真正成功的人，不僅因為冠以其名字的公司擁有數十億美元以上的資產，更是由於他的慷慨和仁慈這些珍貴的品格，使許多啞巴會說話，使許多跛者過上了正

常人的生活，使窮人以低廉的費用得到了醫療保障……這一切都是凱撒的母親在他的心田裡所播下的種子生長出來的果子。

瑪麗・凱撒給了她的兒子亨利無價的禮物 —— 教他如何應用人生最偉大的價值。瑪麗在工作一天之後，總要花一段時間去做義務保母工作，幫助一些不幸的人們。她常常對兒子說：「亨利，不工作就不可能完成任何事情。我沒有什麼可留給你的，只有一份無價的禮物：工作的歡樂。」

凱撒說：「我的母親最先教給我對人的熱愛和為他人服務的重要性。她常常說，熱愛人和為人服務是人生中最有價值的事。」

如果你掌握了這樣一條積極的法則，如果你將個人志向和自己的工作結合在一起，那麼，你的工作將不會辛苦和單調。興趣會使你的整個身體充滿活力，使你在睡眠時間不到平時的一半、工作量增加兩三倍的情況下，也不會覺得疲勞。當然，我們不鼓勵一個人長期性的為了工作而透支健康。

請相信，工作絕不僅僅是為了滿足生存的需求，它是實現個人人生價值的需求。一個人總不能無所事事地終老一生，應該試著將自己的愛好與所從事的工作結合起來，

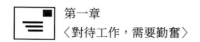
滿足自己需求的同時為別人貢獻自己的力量。無論做什麼，都要樂在其中，而且要真誠熱愛自己所做的事。

成功者樂於工作，並且能將這份喜悅傳遞給他人，吸引大家不由自主地接近他們，心醉於與他們相處或共事。工作是人生中很有意義的一件事，與同事相處是一種緣分，與顧客、生意夥伴見面是一種樂趣。

羅斯・金說：「只有透過工作，才能保證精神的健康；在工作中進行思考，工作才是件快樂的事。兩者密不可分。」

▍懶惰不可小覷，它會對心靈造成嚴重傷害

抱怨雇主的苛刻，虛度工作時的光陰，最終受傷害最深的卻是自己。與其花費大量精力思考如何逃避工作，不如花費相同的精力去努力完成工作。

沒有天生的懶人，人總是期望有事可做。懶惰的人如果不是因為病了，就是因為還沒找到最喜愛的工作。那些從病中痊癒的人，總是盼望能下床四處走動，最好盡快回到工作職位上去做事 —— 哪怕是做任何事都可以。

懈怠一定會引起無聊，無聊必定會導致進一步的懶散。相反，工作可以大大引發一個人的價值感和興趣，而興趣則促成熱忱和進取心。

克萊門特·斯通曾說：「理智無法支配情緒，相反行動才能改變情緒。」選定你最擅長、最樂意投入的事，然後真誠地以全力付諸行動！

許多人之所以不努力工作，是因為都抱有這樣一種想法，他們理直氣壯地說：「我的雇主太苛刻了，根本不值得如此勤奮地為他工作。」然而，他們忽略了一件重要的事情：工作時虛度光陰的確會傷害他們的老闆，但受傷害最深的是他們自己。一些人花費大量精力來逃避工作，卻絲毫不願花相同的精力去努力完成工作。他們認為自己騙得過雇主，並因此找回一些所謂的內心平衡。其實，他們愚弄的不過是自己。雇主或許不會太知曉每個員工的具體表現，也不熟知每份工作的細節，但是一位優秀的管理者心裡很清楚，努力最終帶來的結果是什麼，因為很多時候會有所展現。我們可以肯定的是，升遷和獎勵是不會落在玩世不恭的人身上的。

如果保持勤奮的工作態度是你一貫的做法，你一定會被別人發現和察覺，你將得到相稱的讚許和欽佩，你也一定會贏得雇主的賞識和器重，同時也會獲取一份最可貴的

資產 —— 信心，對自己所擁有的才能可以贏得一個人或者一個機構重視的信心。

懶惰不但會吞噬人心靈的活力，還會使心靈對那些勤奮之人充滿了嫉妒，而不是敬重。

思想貧乏的人、愚蠢的人和慵懶的人只注重事物的表象，無法看透事物的本質。他們通常認為別人的成績是運氣使然。他們只相信運氣、機緣、天命之類的東西。看到人家發財了。他們會說：「那是幸運！」看到他人知識淵博、聰明機智，他們就說：「那是天分。」發現有人德高望重、影響廣泛，他們就說：「那是機緣。」他們的表現實在讓人失望。

他們不曾親眼目睹那些人在實現理想過程中所經受的挑戰與挫折；他們對黑暗與痛苦視而不見，最後的光明與喜悅才是他們注意的焦點；他們故意不明白沒有付出非凡的代價，沒有堅持不懈的努力，沒有克服重重困難的經歷，所有看起來光榮而閃耀的成績是根本無法實現的。

有一條道理我們心裡一定要清楚，否則總是有人對生命抱定僥倖心理。這個道理就是：任何人都要經過不懈努力才能有所收穫。收穫的成果取決於這個人努力的程度，世界上不存在機緣巧合成就一個懶散人這樣的事。

竭力避免拖拉和逃避的惡習對個人成長意義非凡

拖延。也是對惰性的縱容，一旦形成習慣，就會殘忍地消磨人的意志，使你對自己越來越失去信心。盡力避免以各種藉口來拖延工作。

通常，懶惰之人的一個重要特徵就是凡事拖沓。把前天該完成的事情拖延敷衍到後天，這是一種破壞力很強的工作習慣。對一位渴望有不凡成績的人來說，拖延最具破壞性，也是最危險的惡習，它使你喪失進取心。一旦在開始的時候遇事推拖，就非常容易在下一件事情上再次拖延，直到在不知不覺間變成一種你品格裡面根深蒂固的習慣。改變拖拉的唯一良方就是行動。當你開始著手做事 —— 任何事，你會很快驚訝地發現，自己的處境正在迅速改變。

如果仔細觀察，習慣拖延的人都通常也是製造藉口與託辭的專家。一旦你存心拖延逃避，你一定不發愁找出成千上萬理由來辯解為什麼事情無法完成，而對於事情應該完成的理由卻說得少之又少，好像真的有一隻看不見的手

在阻礙你行事。與「只要我們更努力、更聰明、信心更強，就能完成任何事」這些積極的念頭相比，把「事情太困難、太昂貴、太花時間」等種種藉口合理化的念頭要容易很多。

這類人喜歡承諾，又無法兌現承諾，只想找藉口。當你發現自己經常為沒做某事而製造藉口，或是想出千百個理由為事情未能按計畫實施而奮力辯解，那麼，是時候要好好自我反省一番了。告誡自己，別再做一些無謂的解釋了，動手做事吧！

拖延是對生命的揮霍。拖延在人們日常生活中司空見慣，如果你將一天時間記錄下來，就會驚訝地發現，拖延正在不知不覺地消耗著我們的生命。我們大部分的時間都流逝在指間。

拖延，說白了，是人的惰性在作怪，每當我們要付出勞動，或者要作出選擇時，我們總會為自己找出一些高雅的藉口來安慰自己，目的是讓自己輕鬆些、舒服些。區別是有些人能在瞬間果斷地戰勝惰性，積極主動地面對挑戰；而有些人卻深陷於「激戰」泥潭，被肉體的軟弱和靈魂的志向拉來拉去，以至於一段時間內都不知所措，無法定奪……是的，時間就這樣一分一秒地浪費了。

大概每個人都有這樣的經歷，清晨鬧鐘將你從睡夢中

驚醒，你一邊惦記著自己所訂的計畫，同時卻感受著被窩裡的溫暖和舒適；一邊不斷地對自己說：該起床了，該起床了，一邊又不斷地給自己尋找藉口 —— 再等一會兒，再等一會兒。於是，在忐忑不安和幾次三番的爭鬥中，又躺了五分鐘，甚至十分鐘⋯⋯

拖延，也是對惰性的縱容，一旦形成習慣，就會殘忍地消磨人的意志，使你對自己越來越失去信心，你懷疑自己的毅力，懷疑自己的目標，甚至最終發現一件可怕的事情：你的性格在你不知道的時候變得猶豫不決。

拖延，有時候並非是尋找藉口，也會由於考慮過多、猶豫不決造成。

應該說適當的謹慎是必要的，但過於謹慎難免導致優柔寡斷，何況諸如早上起床這樣的事是沒必要作任何掙扎的。我們需要想盡一切辦法不去拖延，在決定要做一件事的同時，立即動手，絕不給自己留一秒鐘的思考餘地，當然，事先規劃肯定要有。千萬不能讓自己拉開和惰性開仗的架勢 —— 對付惰性最好的辦法就是根本不給惰性機會。有一個規律：往往在事情的開端，總是積極的想法先有，然後當頭腦中冒出「我是不是可以⋯⋯」這樣的問題時，惰性就出征了，「戰爭」也就開始了。我們都有這樣的經驗，一旦開仗，結果就難說了。所以，要在積極的想

法一出現時，就馬上行動，讓惰性沒有乘虛而入的可能。道理並不深奧，只是做起來真的不容易。

聖經上有句話說「立志行善由得我，只是行出來由不得我」。看來，人們如此善於找藉口，卻無法將工作做好，是一件非常奇怪又非常正常的事。對於一天到晚想著如何欺瞞和敷衍過關的人，能將這些精力及創意的一半用到正途上，他們就有可能取得巨大的成就。

想盡一切辦法克服拖延的習慣，將其從自己的個性中根除。這種把你應該在上星期、去年甚至十幾年前該做的事情拖到明天去做的習慣，正在啃噬你的意志，除非你革除了這種壞習慣，否則你將難以取得任何成就。有許多方法可以克服這種惡習：

第一、每天從事一件明確的工作，而且不必等待別人的指示就能夠主動去完成；

第二、到處尋找，每天至少找出一件對其他人有價值的事情，而且不期望獲得報酬；

第三、每天要將養成這種主動工作習慣的價值告訴別人，至少要告訴一個人。

如果你這樣做了，你會有令人吃驚的發現。

▌拒絕搖擺和猶豫，立刻動手開始行動

那些習慣於勤奮而忙碌的人，能將事情快速而圓滿地完成。忙碌的人不肯拖延，就是因為他們覺得生活正如萊特形容的那樣，不進則退，就算是退，也無處可退。

任何時候當你感到推拖的惡習正悄悄地向你靠近，或者當此惡習已迅速纏上你，使你動彈不得時，你都需要用這句話提醒自己：現在就動手做吧！這句話是一個最驚人的自動啟動器。

總有很多事情需要去做，如果你正受到怠惰的箝制，不妨就從碰見的任何一件事著手去做。是什麼事並不重要，重要的是，你在此刻突破了自己無所事事的惡習。或者從另一個方面講，如果你想規避某項雜務，那麼你就從這項雜務著手去幹，而且要立即進行。不然又能如何呢？事情仍舊放在老地方，它會不斷地困擾你，使你覺得煩瑣無趣而不願意動手。

是的，當你養成「現在就動手做」的工作習慣時，你就掌握了個人進取的精義。

你工作的態度加上你工作的能力，決定了你的報酬和

職務。那些工作效率高、做事多，並且樂此不疲的人，往往擔任公司最重要的職務。不是你在技巧上多麼聰明，而是你在態度上多麼有誠意和有智慧。當你下定決心永遠以積極的心態做事時，你就朝自己的遠大前程邁出了重要的一步。

一開始，你一定會覺得堅持這種態度實在不易，但最終你會經歷一種奇妙的收穫，你將親眼看到這種態度已經成為你個人價值的一部分。當你體驗到他人的肯定給你的工作和生活所帶來的幫助時，你就會一如既往地用這種態度做事。

「騎著一輛腳踏車，不是保持平衡向前進，就是翻覆在地。」忙碌的人不肯拖延，就是因為他們覺得生活正如萊特所形容的這樣，不進則退，就算是退，也無處可退。效率高的人往往限時完成自己的工作，他們事先確定好做每件事所需要的時間，並且強迫自己在預期內完成。如果你是一個工作並沒有嚴格時間限制的人，建議你也應該經常在這方面訓練自己。一旦你發現自己能在短時間內做更多的事時，你保準會驚訝不已的！

如果你希望一件事能快速而圓滿地完成，那麼請把它交給那些勤奮而忙碌的人吧。那些懶散的人，他們精於濫竽充數和偷工減料，他們中的大多數人並不了解自己處理事情的真正能力。他們無意也不敢迎接每天的挑戰，以此來激發上帝所賜的隱藏在自己身體深處的最大潛能。我們

都有這樣的經驗，對於一件自己感興趣的事情，無論多麼繁忙都能想方設法騰出時間去做。但是，面對那些所謂的無趣工作，我們總是輕易就搪塞和推拖，甚至有意或者無意將之遺忘。你願意成為自己想成為的那種人嗎？

你應該懂得，你用什麼標準衡量自己，別人就會用什麼樣的標準來評估你。不論做什麼事，成功的關鍵在於我們行動之前對自己有什麼樣的期望，定什麼樣的目標。愛默生說：「緊緊追蹤四輪車到星球上去，要比在泥濘道上追蹤蝸牛行跡更容易達到自己的目標！」

人生要想成長，就要一點一滴地奠定基礎。先給自己設定一個切實可行的目標，確實達到之後，再邁向更高的目標。

請現在就動手做吧！

▍勤奮工作是人生當中義不容辭的一件事情

羅馬人希望有朝一日能到達輝煌的巔峰，但卻極力迴避越過那些艱難且必要的梯級。最終他們嘗到了失敗的苦果。

　　「讓我們勤奮工作！」這是古羅馬皇帝臨終前留下的遺言。當時，全體士兵都聚集在他的周圍。

　　勤奮與功績是羅馬人的偉大箴言，也是他們能夠征服世界的祕訣所在。那些從戰場上凱旋歸來的將軍都要歸鄉務農。當時，從事農業生產是受羅馬人尊敬的工作，羅馬人之所以被人們稱為優秀的農業家，其原因也正在於此。由此可見，羅馬人推崇勤勞的品德，使得整個國家逐漸變得強大起來，真是一個不爭的事實。

　　然而我們發現，當財富日益豐富，奴隸數量日益增多，辛勤勞動對於羅馬變得好像不再是必要時，整個國家就開始走下坡路。因為懶惰和無為而導致人心墮落、犯罪橫行、腐敗滋生，這樣一個有著美好傳統的民族開始變得聲名狼藉了。

　　世界上到處是一些看起來成功在即的人。在很多人的眼裡，這些人能夠並且應該成為這樣或那樣非凡的人物。但事實是，他們最終並沒有出色地發揮自己的能力成為一個英雄。這其中的原因是什麼呢？

　　我想，原因在於他們沒有付出相應的責任與代價。他們的確希望有朝一日到達輝煌的巔峰，但卻極力迴避越過那些艱難且必要的梯級；他們也渴望光榮地贏得最後的勝利，但他們戰兢著遲遲未加入戰鬥；他們盼望一切都平平

順順，卻不願為這樣的結果而遭遇任何阻力。他們儘想好事。

懶漢們常常抱怨，對自己也對別人說：我是一個沒有能力讓自己和家人衣食無憂的人。但勤奮的人會說：我也許沒有什麼特別的才能，但我能夠盡己本分為自己和家人賺取麵包。

古羅馬時代有兩座聖殿，一座是美德的聖殿，一座是榮譽的聖殿。他們在安排座位時有一個順序，就是要達到後面那座聖殿就必須先經過前者的座位。換句話說，美德是通往榮譽聖殿的必經之路，而勤奮就是諸多美德中的重要一條。

好習慣成就好品性，壞習慣塑造壞品性。一個人的品性是多年行為習慣的結果。同樣的行為不斷重複就會變得不由自主，變得不費吹灰之力，變得無意識的，最後變得不這樣做已經不可能了，於是習性就這樣慢慢養成了。

一個人的品性受思維習慣與成長經歷的雙重影響，我們在人生中做不同的努力也做不同的選擇，或善或惡的決定，最終造成一生品性的優與劣。

有一個可憐的失業者，他為人忠厚，從不逃避工作。他渴望工作，卻總是被拋棄在工作的門外。儘管他曾經努力地去嘗試，結果依然是失敗，如此看來，他有何善報

呢？我們回首他以前的工作經歷，發現儘管他曾經做過許多事情，但每遇到一件工作總是在不堪負重的時候逃避。他一直渴望過上安逸的生活，將無所事事看成是人生最大的樂趣。如今，我們看到他終於如願以償、夢想成真，可以無所事事地生活了，但是這個他原本渴望的「美好生活」，卻是一枚苦果而非他原來所期待的。

　　流淚撒種的必歡呼收割。貪圖安逸使人墮落，無所事事令人退化，唯有勤奮工作才讓我們內心喜悅和踏實，它給人帶來真正的幸福和樂趣。當這個人意識到了這一點也願意為此付出代價，當他開始改掉自己好逸惡勞的惡習，努力去尋找一份自己力所能及的工作時，境況一定會逐漸朝人們期待的方向發展。

第二章

〈對待公司，需要敬業〉

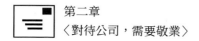
▌工作的確是人生的重要使命之一

敬業，表面上看起來受益的是公司，還有雇主，但真正的受益者卻是自己。

當你在任何職位上都能夠做到敬業時，就能從中學到更多的知識，累積更多的經驗，在全身心投入工作的過程中找到工作的快樂。

工作，不是僅僅用來謀生而已，它是人的使命之一，是人類共同擁有和崇尚的一種精神。從世俗的角度來說，敬業就是敬重自己的工作，將工作當成自己的事，其具體表現為忠於職守、盡職盡責、認真負責、一絲不苟、善始善終。其中所蘊含的是一種使命感和責任感。這種來自對職業的使命感和責任感在當今社會得以發揚光大，使敬業精神成為一種最基本的做人之道，也是成就事業的重要條件。

在商業社會，想在競爭中取勝的公司，必須設法激發每個員工的敬業精神。沒有敬業精神的員工就無法給顧客提供高品質的服務，就難以生產出高品質的產品。推而廣之，一個國家如果想立於世界之林，也必須使其人民敬

業。警察應該盡職盡責為民眾服務；行政官員應該勤奮思考並制定和執行政策；議員代表應該勤於問政；只有每個人做一行愛一行，才能被稱為敬業的社會，有責任感的社會。

但是，無論我們走到什麼地方，無論我們從事什麼行業。我們總是能發現許多投機取巧、逃避責任尋找藉口之人，他們不僅缺乏一種神聖使命感，而且缺乏對敬業精神世俗意義的理解。

敬業，表面上看起來受益的是公司，還有雇主，但真正的受益者卻是自己。

當你在任何職位上都能夠做到敬業時，就能從中學到更多的知識，累積更多的經驗，在全身心投入工作的過程中你能找到工作的快樂。這種習慣或許不會有立竿見影的效果，但可以肯定的是，一旦「不敬業」成為一種習慣時，其結果可想而知。工作上投機取巧也許只給你的雇主帶來一點點的經濟損失，但是，它絕對足以毀掉你的一生。

有些人或許認為成敗往往取決於運氣，但我認為一個人的得與失取決於這個人的人格。一個勤奮敬業的人也許並不能獲得上司的賞識，但至少可以獲得他人的尊重。那些投機取巧之人即使利用某種手段暫時爬到一個高位，但

他的人格往往被人藐視，這在無形中給自己的成功之路設定了障礙。對於人性的弱點而言，不勞而獲也許非常有誘惑力，但很快就會付出代價，他們會失去最寶貴的資產 —— 名譽。誠實及敬業的名聲是人生最大的財富。

有一個在報社工作、頗有才華的年輕人，但他對待工作自由散漫，缺乏敬業精神。一次報社急著要發稿，他卻摟著稿件回家睡大覺去了，結果影響整個報紙的出報時間。這種人永遠得不到尊重和提升。人們往往會尊敬那些能力中等但盡職盡責的人，而不會尊敬一個能力出眾，但不負責任的人。

如果你在工作職位上盡職盡責，你會受到尊重，也會獲得更多的自尊心和自信心。不論你現在的薪水多麼低，不論你的雇主多麼不器重你，但請相信，你忠於職守的操守是在為你累積豐盛的明天。毫不吝惜地投入自己的精力和熱情，漸漸地你會為自己的工作感到驕傲和自豪，就會贏得他人的矚目。一個以主人和勝利者的心態去對待工作的人，工作自然而然就能做得更好。

既然工作是人生的使命之一，那麼，一個對工作不負責任的人，其實也是一個缺乏自信的人，也是一個無法體會快樂真諦的人。要知道，當你將工作推給他人時，實際上也是將自己的快樂和信心轉移給他人。

　　有一位成功學家在被問到「你覺得大學教育對於年輕人的將來是必要的嗎」時，這位成功學家的回答發人深省。

　　他說：「單單對經商而言不是必須的。商業更需要的是敬業精神。但事實上，對於許多年輕人來說，大學教育意味著在他們應當培養全力以赴的工作精神時，被父母送進了校園。對他們而言，一旦進了大學就意味著開始了一生中最愜意最快活的時光。當他們走出校園時，正值生命的黃金時期，但此時此刻他們往往很難將自己的身心集中到工作上，結果眼睜睜地看著成功的機會從身邊溜走，真是很可惜啊。」

專注盡責，全心全力地投入到你所效力的公司

　　如果你能認真製作出一枚別針，它應該比你能夠製造出粗陋的蒸汽機賺到的錢更多。專注地做好一件事，比對很多事情都懂一點皮毛但每件事都半途而廢要強得多。

　　我曾經看到一份英國報紙刊登一則應徵教師的廣告：「工作很輕鬆，但要全心全意，盡職盡責。」

事實上，世界上所有的工作都應該全心全意、盡職盡責才能做好。而這正是敬業精神的基礎。

我們無論從事何種職業，都應該盡心盡責，儘自己的最大努力去做好，求得不斷的發展。這不僅是工作的原則，也是人生的原則。如果沒有了職責和理想，生命就會變得毫無意義。無論你身居何處（即使在貧窮困苦的環境中），如果能全身心投入工作，最後就會獲得不菲的回報。我們常常羨慕那些在人生中取得成就的人，但他們一定在某一特定領域裡盡職盡責，進行了堅持不懈的努力。

專注專一地做好一件事情。專注地做好一件事，比對很多事情都懂一點皮毛但每件事都半途而廢要強得多。一位總統在德克薩斯州一所學校演講，他對學生們說：「比其他事情更重要的是，你們需要知道怎樣將一件事情做好；與其他有能力做這件事的人相比，如果你能做得更好，那麼你就永遠不會失業。」

一個成功的經營者說：「如果你能認真製作出一枚別針，它應該比你能夠製造出粗陋的蒸汽機賺到的錢更多。」

很多在工作中失意的人，都曾為一個問題而困惑不解：明明自己比他人更有能力，但是成就卻遠遠落後於他人。請不要疑惑，也不要抱怨，應該先問問自己一些問題：

── 自己是否真的走在一條不斷向前進步的道路上？

── 在工作中，自己是否像畫家仔細研究畫布一樣，仔細研究了職業領域的各個需要注意的細節問題？

── 也許是為了增加自己的知識面，也許是為了給你的雇主創造更多的價值，總之，你認真閱讀過專業方面的書籍嗎？

── 捫心自問，在自己的工作領域是否做到了盡職盡責？

以上這些問題，如果你無法作出肯定的回答，那麼，你相信嗎？這就是你無法取勝的原因。如果一件事情是正確的，那麼就大膽而盡職地去做吧！如果你認為它是錯誤的，就乾脆別動手。

我們常常在都市中看到一些爛尾樓。那些技術半生不熟的泥瓦工和木匠，將磚石和木料拼湊在一起來建造房屋，在這些房屋尚未售出之前，有些已經在狂風暴雨中坍塌了；術業不精的醫科學生沒有花更多的時間掌握醫術，在手術檯上做起手術來猶豫不決，使病人冒著極大的生命危險；律師在讀書時不注意培養法律素養，在實踐中辦起案件來捉襟見肘，讓當事人白白花費金錢……以上這些都是缺乏敬業精神的表現。

　　讓這句話成為你的座右銘吧：無論從事什麼職業，都
應該精通它。下決心掌握自己職業領域的所有問題，使自
己變得比他人更精通。如果你是工作方面的行家裡手，精
通自己的全部業務，就能贏得良好的聲譽，也就擁有了一
種潛在成功的祕密武器。遲早有一天，你會成為行業裡面
的排頭兵和權威人士。

　　關於個人努力與成功之間的關係，當被問到「你是如
何完成如此多的工作的」，有一位優秀的人物是這樣闡釋
的：「我在一段時間內只會集中精力做一件事，但我會徹
底做好它。」

　　想想看，如果你對自己的工作沒有做好充分的準備，
你又怎能因為自己的失誤而歸咎他人、抱怨環境呢？現
在，最需要做到的就是專注和精通。我們觀看宇宙萬物：
大自然要經過千百萬年的進化，才長出一朵豔麗的花朵和
一顆飽滿的果實。但是在今天的美國，很多年輕人隨便讀
幾本法律書，就想處理一樁樁棘手的案件；或者聽了兩三
堂醫學課，就急於做外科手術 —— 要知道，那個手術關
係著一條寶貴的生命呢！

　　很多習慣是在少年時代無形中養成的。當你還是學生
時，一旦養成了半途而廢、心不在焉、懶懶散散的壞習
慣，運用一些小伎倆在學業上矇混過關，欺騙老師，當你

步入社會，你就不可能出色地完成任何任務。去銀行辦事時總是遲到，人們會拒付他的票據；與人約會時總是延誤，會讓人大失所望。如果一個人認為小事情是不值得認真對待的，那麼如果他想著書立說，必定漏洞百出。一些人從來不會認真地整理自己的論文和書信，所有的文稿和信件散亂地堆放在書桌上，辦事時他就會缺乏條理，不講究秩序，思維也不周密，結果是連自己最基本的立場、原則和態度都會喪失，也會失去他人對自己的信心。可見，那些不經意的小事情，那些你認為沒有必要認真對待的細節，常常給人生埋下禍根。

這樣的人，被認為是「恨鐵不成鋼」的人，會讓家人和同事為他們感到深深的擔憂和失望。如果不慎讓這種人成為領導，將會造成更加惡劣的影響，他的下屬也必定會受這種惡習的傳染 —— 當他們看到上司不是一個精益求精、細心周密的人時，往往會群起而效仿。這樣一來，個體缺點轉化為整體的缺陷和弱點滲透到整個事業中，不但影響公司的發展，還會連累整個社會的前進。

對於如何做好一件事情，一位先哲說過：「如果有事情必須去做，便全身心投入去做吧！」而另一位明哲則道：「不論你手邊有何工作，都要盡心盡力地去做！」

做事情無法善始善終的人，究其根本，是因為他心靈

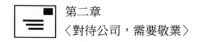
上缺乏相同的特質。他無意也無力培養良好的個性，意志不堅定，無法達到自己追求的目標。一面貪圖玩樂，一面又想修道，自以為可以做一個左右逢源的人，結果不但享樂與修道兩頭落空，還造成了不可挽回的終身悔恨。

如果我們稍加觀察，就會發現做事一絲不苟能夠迅速培養嚴謹的品格、獲得超凡的智慧；它既能帶領普通人往好的方向前進，更能鼓勵優秀的人追求更高的境界。

總之，我們無論做何事，都要竭盡全力做好自己的本分，就工作而言，它決定一個人日後事業上的成敗。我們一旦領悟了，全力以赴地工作能夠帶給人充實感和喜悅感，從而消除工作疲勞這一祕訣，我們就掌握了開啟成功之門的鑰匙了。處處以主動盡職的態度工作，即使從事最平庸的職業也能彰顯個人的榮耀。

▌在「分內事」之外多做一點「分外事」

抱著「我必須為雇主做什麼」的想法和抱著「我能為雇主做些什麼」的想法，二者的工作效果會完全不同。除了忠實可靠、盡職盡責地完成分配的任務之外，還有許

多事情可以做。

我們一直提倡在工作中全心全意、盡職盡責。如果你是一個渴望自我提升的人，做到了全心全意、盡職盡責還不夠，假若你總是比自己分內的工作多做一點，所做的比別人期待的更多一點，你不但自己可以獲得快樂和喜悅，你的表現還會吸引更多的注意，從而給自己的發展道路創造更多的機會。

關於這多做一點的事情，從義務上講，你沒有義務要做自己職責範圍以外的事。但是你可以選擇自願去做，目的是驅策自己快速前進。率先主動在現代社會是一種極珍貴、備受看重的素養，它能使一個人的人格散發出馨香之氣，這個人也會因此變得更加敏捷、更加積極。無論你是管理者，還是普通職員，「每天再多做一點」的工作態度能使你從競爭中脫穎而出。你的雇主、委託人和顧客會關注你、信賴你，從而給你更多的機會。

不可否認，每天多做一點工作是需要付出一定的代價，也許會占用你的時間，也許會讓你更加疲憊。但是，你的行為使你贏得良好的聲譽，增加他人對你的需要，你會發現與你內心得到的滿足感相比，代價幾乎不足為道。

我們來看一個這樣的例子。卡洛·道尼斯先生最初為杜蘭特工作時，職務很低，而他現在已成為杜蘭特先生的

左膀右臂，擔任其下屬一家公司的總裁。卡洛・道尼斯之所以能如此快速升遷，祕訣就在於「每天多幹一點」。

我曾經有幸拜訪道尼斯先生，當我討教他關於成功的訣竅時，他平靜而簡短道地出了其中原由，他說：「在為杜蘭特先生工作之初，我就注意到，每天下班後，所有的人都回家了，但杜蘭特先生仍然會留在辦公室裡繼續工作到很晚。因此，我決定下班後也留在辦公室裡。是的，的確沒有人要求我這樣做，但我認為自己應該留下來，在需要時為杜蘭特先生提供一些幫助。」

「在加班時杜蘭特先生經常需要找檔案、列印材料，最初這些工作都是他親自來做，花費了他不少寶貴的時間。很快，他就發現我隨時在等待他的召喚，並且他逐漸養成招呼我的習慣……」

杜蘭特先生為什麼會養成召喚道尼斯先生的習慣呢？當然是因為道尼斯自動留在辦公室，使杜蘭特先生隨時可以看到他，並且誠心誠意為他服務。道尼斯這樣做獲得了額外的報酬嗎？沒有。但是，他的真誠和「多做一點」獲得了更多的機會，使自己贏得雇主的喜愛，最終獲得了提升。

我們有幾十種甚至更多的理由可以幫助你明白，你為什麼應該養成「每天多做一點」的好習慣──儘管事實

上很少有人這樣做。其中兩個原因是最主要的：

第一、在與其他人智力相差無幾，能力區別不大的情況下，「每天多做一點的」的好習慣，使你與四周那些尚未養成這種習慣的人分別開來，顯然，你已經占據了優勢。這習慣使你無論從事什麼行業，都會有更多的人指名道姓地要求你提供服務。

第二、如果你希望將自己的右臂鍛鍊得更強壯，最直接的方法就是用它來做最艱苦和最繁重的工作。換句話，如果長期不使用你的右臂，你讓它養尊處優，其結果就是，它會變得更加虛弱，甚至慢慢萎縮無力。

如果你能比分內的工作多做一點，它彰顯了你自身的一種無與倫比的榮耀，額外地，它幫助你發展一種超凡的耐力、責任感，還有工作必需的一些寶貴技巧與能力，使自己具有更強大的生存力量，從而使身處困境的你也能夠產生巨大的力量。這是人生永恆不變的法則。

不要總是以「這不是我分內的工作」為由來逃避多做一些事情，因為做於你有益，不做於你無益。當額外的工作分配到你頭上時，不妨視之為一種機遇。社會在發展，公司在成長，個人的職責範圍也隨之擴大。

從一件小事做起。比如提前上班，別以為沒人注意到，雇主可是睜大眼睛在瞧著呢！如果能提早一點到公

司，就說明你十分重視這份工作。每天提前一點到達，可以對一天的工作做個周密規畫。想想看，當別人還在考慮當天該做什麼時，你已經走在別人前面了！

在工作這個領域，如果你想成為一名成功人士，必須樹立終身學習的觀念。既要學習專業知識，也要不斷拓寬自己的其他知識面，一些看似無關的知識往往會對未來產生巨大作用。而「每天多做一點」則能夠給你提供這樣的學習機會。不要小覷它對你個人和前途的作用。

明明不是你分內的工作，而你依然認真多做了一點，我可以負責任地告訴你，這就是機會。我們常常困惑，為什麼當機會來臨時我們無法確認，因為機會總是喬裝成「問題」的樣子。當顧客、同事或者雇主交給你某個難題，也許上帝正為你創造了一個珍貴的機會。對於一個優秀的員工而言，公司的組織結構如何，誰該為此問題負責，誰應該具體完成這一任務，都不是最重要的，在他心目中唯一的想法就是如何將問題解決。

如果你明白了再多做一點的意義，那麼，下一次當顧客、同事和你的雇主要求你提供幫助，做一些分外的事情，而不是讓他人來處理時，積極地伸出援助之手吧！努力從另外一個角度來思考，譬如換一個角色，自己就是這件事的責任人，你將如何來更好地解決這些問題？

　　要明確一點，你每天多做一點，並非為了獲得多一些的報酬，而是為了個人成長的需求。當你不計回報的時候，你往往獲得的出人意料得多。

　　對艾倫而言，對他人生影響深遠的一次職務提升是由一件小事情引起的。在某個星期六的下午，一位律師（其辦公室與艾倫的同在一層樓）走進來問他，哪裡能找到一位速記員來幫忙，因為他手頭有些工作必須當天完成。

　　艾倫告訴他公司所有速記員都去觀看球賽了，如果晚來五分鐘，自己也會走。但艾倫同時表示，自己願意留下來幫助他。艾倫說：「球賽隨時都可以看，但是工作必須在當天完成。」

　　做完速記之後，律師很感謝艾倫的幫助，問他應該付他多少錢。艾倫開玩笑地回答：「哦，既然是你的工作，大約 1,000 美元吧。如果是別人的工作，我是不會收取任何費用的。」律師笑了笑，向艾倫表示謝意。

　　當然，我們都知道，艾倫的回答不過是一個玩笑，他並沒有真正想要得到 1,000 美元的報酬。然而出乎艾倫的意料，那位律師竟然真的這樣做了。六個月之後，就在艾倫已將此事忘到了九霄雲外時，律師卻找到了艾倫，交給他 1,000 美元，並且邀請艾倫到自己公司工作，薪資比現在高出 1,000 多美元。

　　你瞧，在一個週六的下午，艾倫放棄了自己喜歡的球賽，僅僅多做了一點事情。他最初的動機不過是幫助別人解決一點問題，而非任何金錢上的考慮。從責任的角度來說，艾倫不是必須要放棄自己的休息日去幫助他人，但對於艾倫，那是他的一種特權，一種有益的特權。這不僅為艾倫增加了 1,000 美元的現金收入，更重要的是，他的做法贏得了別人的尊重和感謝，而且為他的工作帶來了一個更好的發展機會。

　　還有一位成功人士曾經向我講述自己是如何走上致富道路的。他說：「50 年前，我開始踏入社會謀生。我在一家五金店找到了一份工作，每年才賺 75 美元。有一天，一位顧客買了一大批貨物，有鏟子、鉗子、馬鞍、盤子、水桶、籬筐等。這位顧客過幾天就要結婚了，提前購買一些生活和勞動用具是當地的一種習俗。貨物堆放在獨輪車上，裝了滿滿一車，騾子拉起來也有些吃力。送貨並非我的職責，但我願意為他提供一些幫助，我完全是出於自願 —— 我為自己能運送如此沉重的貨物而感到自豪。

　　「一開始一切都很順利，但是，走到半路時，車輪一不小心陷進了一個不深不淺的泥潭裡，我們使盡吃奶的勁都推不動。那時正好有一位心地善良的商人駕著馬車路過，他用他的馬拖起我的獨輪車和貨物。當我仔細清點貨

物的數目，一切就緒時，已經很晚了，我推著空車艱難地返回商店。雖然有些辛苦，但我為自己的所作所為感到高興。我並不在乎雇主沒有因我的額外工作而稱讚我。」

「但是奇妙的事情在我身上發生了，第二天，那位商人找人叫我過去。他告訴我說，他發現我工作十分努力，為客戶做事認真細緻，他尤其注意到我卸貨時清點物品數目時的細心和專注。因此，他願意為我提供一個年薪500美元的職位。我高興地接受了這份工作，並且從此走上了致富之路。」

看看吧，抱著「我必須為雇主做什麼」的想法和抱著「我能為雇主做些什麼」的想法，最後所得到的結果真是大相逕庭。一般人認為，忠實可靠、盡職盡責完成分配的任務就可以了，但這還遠遠不夠，尤其是對於那些剛剛踏入社會的年輕人來說更是如此。要想取得成功，必須做得更多更好。一開始我們也許從事祕書、會計和出納之類的事務性工作，難道我們要在這些事情上做一輩子嗎？成功者除了做好本職工作以外，還需要做一些不同尋常的事情來培養自己的能力，贏得自己內心的充實，還有別人的矚目。

如果你是一名貨運管理員，也許可以在發貨清單上發現一個與自己的職責無關的未被發現的錯誤，並幫助同事

及時糾錯；如果你是一個過磅員，也許可以質疑並糾正磅秤的刻度錯誤，以免公司遭受損失；如果你是一名郵差，除了保證信件能及時準確到達，也許可以做一些超職責範圍的事情⋯⋯的確，這些工作也許是專業技術人員的職責，你就是局外人而已，但是如果你做了，就等於播下了成功的種子。

我們都知道一個眾所周知的因果法則，即付出多少，得到多少。也許你的投入無法立刻得到相應的回報，請你不要氣餒，一如既往地多付出一點已經融入在你血液裡面，你這麼做的時候無需去反覆思量做還是不做。真正的回報可能會在不經意間，以出人意料的方式出現，最常見的回報是晉升和加薪。除了雇主以外，回報也可能來自他人，以一種間接的方式來實現。

透過對很多工作成功的人進行研究，事實反覆證明了額外投入的回報原則，尤其是在這些人早期創業時，這條原則尤顯重要。當他們的努力和個人價值沒有得到雇主的承認時，他們往往會選擇獨立創業，在這個過程中，早期的努力使其大受裨益。你付出的努力如同存在銀行裡的錢，當你需要的時候，它隨時都會為你服務。付出的越多，你帳戶上的價值就越大。

超越當下突破平庸，為豐盛的未來累積資本

　　不要常常滿足於目前尚可的工作表現，要做得更好，你才能成為不可或缺的人物。如果可以選擇更豐盛的生命，我們為什麼總是選擇平庸無為呢？

　　許多人都聽說過一個富有深意的故事。說的是很久很久以前，一位有錢人要出門遠行，臨行前他把僕人們叫到一起並把財產委託他們保管。依據他們每個人的能力，他給了第一個僕人十兩銀子，第二個僕人五兩銀子，第三個僕人二兩銀子。拿到十兩銀子的僕人把它用於經商並且賺到了十兩銀子。同樣，拿到五兩銀子的僕人也賺到了五兩銀子。但是拿到二兩銀子的僕人卻把它埋在了土裡。

　　過了一段時間，外出的主人回來與他們結算。拿到十兩銀子的僕人帶著另外十兩銀子來了。主人說：「做得好！你是一個對事情充滿自信的人。我會讓你掌管更多的事情。現在就去享受你的獎賞吧。」

　　拿到五兩銀子的僕人帶著他額外的五兩銀子來了。主人也說：「做得好！你是一個對事情充滿自信的人。我會

讓你掌管很多事情。現在就去享受你的獎賞吧。」

最後輪到那個領到二兩銀子的僕人了，他說：「主人，我知道你想成為一個強人，收穫沒有播種的土地，收割沒有撒種的土地。我很害怕，於是把錢埋在了地下。」主人大怒，回答道：「你這又懶又缺德的人，你既然知道我想收穫沒有播種的土地，收割沒有撒種的土地，那麼你就應該把錢存到銀行家那裡，以便我回來時能拿到我的那份利息，然後再把它給有十兩銀子的人，我要給那些已經擁有很多的人，使他們變得更富有；而對於那些一無所有的人，甚至他們有的也會被剝奪。」

這第三個僕人原以為自己的做法會得到主人的讚賞，因為他沒有丟失主人給的那二兩銀子。在他看來，雖然沒有使金錢增加，但也沒丟失，就算是完成主人交代的任務了。但是他實在是誤解了主人的意思。主人不希望自己的僕人原地不動，故步自封，他希望他們能夠勤奮主動，為自己的人生累積更多的資本。

不要常常滿足於目前尚可的工作表現，要做更好的，你才能成為不可或缺的人物。

人類天生有限，永遠都不能憑藉自己的智慧和能力做到完美無缺。但是我們有不斷增強自己的力量、不斷提升自己品格的願望，我們對人生價值的標準會越來越高。這

是人類精神的可貴之處。

在人生的每件事情上，順其自然幾乎不費吹灰之力。平庸是你我無需選擇就可以走的路。如果可以選擇更豐盛的生命，我們為什麼總是選擇平庸無為呢？如果你總是想像為什麼一年之外不可以多出一天，那你為何不好好定睛在這實實在在的 365 天呢？為什麼我們只能做別人正在做的事情？為什麼我們不可以超越平庸？

一個贏得奧林匹克競賽的人，如果他選擇順其自然，他怎麼會有這樣傲人的成績？那些把金牌帶回家的運動員必須超越已有的紀錄。他們會對自己講，我厭倦了平庸。我的感覺和哈伯德寫下如下這些話時的感覺如出一轍：

「不要總是為自己的不積極辯解，轉而抱怨別人對你的期望值比你對自己的期望值高。如果哪個人在你所做的工作中找到失誤，那麼你就不是完美的，你也不需要去找藉口。你應該真誠地承認這的確不是你的最佳狀態。千萬不要挺身而出去捍衛自己。當我們可以選擇完美時，為何偏偏選擇平庸呢？我討厭人們說那是因為天性使他們要求不太高。他們可能會說『我的個性不同於你，我並沒有你那麼強的上進心，那不是我的天性。』」

超越平庸，選擇更好。這是一句值得我們每個人一生推崇的格言。

　　這個世界上，有無數人因為養成了遊手好閒、做事敷衍的習慣，對待工作的態度馬馬虎虎，終於使自己一生都活在無所事事的空虛和無聊當中，隨之而來的，是經濟上的貧乏和不濟。

　　我曾經在某大型機構一座雄偉的建築物上，看到那裡寫著一句很讓人感動的宣傳語。它是這樣說的：「在此，一切都追求盡善盡美。」的確，追求盡善盡美，是我們每個人一生都要不息追求的。如果每個人都認同和實踐這一格言，決心無論做任何事情都要竭盡全力，以求得盡善盡美的結果，那麼對於整個人類的福利來講，不知要增進多少。

　　縱觀人類歷史，其中充滿著一幕一幕由於疏忽、畏難、敷衍、偷懶、輕率而造成的可怕慘劇。不久前，在賓夕法尼亞的奧斯汀鎮，因為築堤工程沒有照著設計去築石基，結果堤岸潰決，全鎮都被淹沒，無數人死於非命。像這種因工作疏忽而釀成的悲劇，在我們這顆廣闊的星球上，隨時都有可能發生。無論什麼地方，都有人犯疏忽、敷衍、偷懶的錯誤。如果每個人都能憑著最基本的良心做事，並且不怕困難、不半途而廢，那麼非但可以減少不少的慘禍，而且每個人身上都會閃爍美好的人格魅力。

　　我們不難看到，一個人一旦養成了敷衍了事的惡習

後，做起事來難免缺乏誠實信用。這樣的人，人們最終必定會輕視他的工作，從而輕視他的人品。粗劣的工作，就會造成粗劣的生活。工作是人們生活的一部分，做著粗劣的工作，不但使工作的效能降低，而且還會使人喪失做事的才能。所以對於工作的粗劣態度，是在摧毀自己的珍貴理想、使自己生活墮落，也將成為阻礙自己前進的絆腳石。

做任何事情的時候，我們一定要抱著非做成不可的決心，一定要抱著追求盡善盡美的態度。歷史上，為人類創立新理想、新標準，扛著進步的大旗為人類創造幸福的人，就是具有這樣素養的人。無論做什麼事，如果只是以做到「尚佳」為滿意，或是做到半途便停止，那他絕不會收穫更好的成績。

輕率和疏忽所造成的禍患不相上下。許多年輕人之所以失敗，就是敗在做事輕率這一點上。這些人很少要求自己將工作做到盡善盡美。

我聽到有很多年輕人說，晉升與否取決於與老闆關係的親疏。他們好像不知道職位的晉升，是建立在忠實履行日常工作職責的基礎上的。只有盡職盡責地做好目前所做的工作，才能使他們自身的價值漸漸地獲得提升。

事實恰恰相反，許多人常常抱怨：「做這種平凡乏味

的工作，有什麼希望呢？」但他們有所不知，巨大的機會往往蘊藏在極其平凡的職業中、極其低微的位置上。只要把自己的工作做得比別人更完美、更迅速、更正確、更專注，調動自己全部的真誠和智力，從舊事中找出新方法來，才能引起別人的注意，給自己創造發揮潛力的機會，從而滿足心中的願望。

我們應該常常有這樣的氣度：「我願意做那份工作，我已竭盡全力、盡我所能來做那份工作，我也更願意聽取人家對我的批評。」

總結下來，我們可以看到成功者和失敗者的區別在於：成功者無論做什麼，都力求達到最佳境地，絲毫不會放鬆；成功者無論從事什麼職業，都不會輕率疏忽。

我可以毫不誇張地說，你工作的品質決定你生活的品質。在工作中你應該嚴格要求自己，能做到最好，就不能允許自己只做到次好；能完成百分之百，就不能只完成百分之九十九。不論你的薪水是高還是低，你都應該保持這種良好的工作態度。每個人都應該把自己看成是一名傑出的藝術家，而不是一個渾渾噩噩的平庸工匠。我們可以永遠帶著熱情和信心去工作。

自動自發地做事會讓你成為超凡卓越的人

所謂的主動，指的是一種積極心態，就是隨時準備把握機會展現自己超乎他人要求的工作表現，以及擁有「為了完成任務，必要時不惜打破成規」的智慧和判斷力。

一個人如果在雇主不在自己身邊時，反而更加賣力地工作，那他一定會獲得更多獎賞。如果你只在有人注意你時才有好的表現，那麼你永遠無法達到成功的頂峰。最嚴格的表現標準應該是自己設定的，而不是由別人要求的。如果你對自己的期望比雇主對你的期望更高，那麼你就無需擔心會失去工作。換句話講，如果你能達到自己設定的最高標準，那麼升遷晉級也就指日可待。

成功是一種努力的累積，不論何種行業，想攀上頂峰，通常都需要漫長時間的努力和精心的規劃。很多被認為一夜成名的人，其實在功成名就之前，早就在默默無聞地努力和奮鬥了。而且他們堅守了很長一段時間。

永遠保持主動率先的精神，是一個人登上成功之梯的最高階的基礎。就算是面對缺乏挑戰或毫無樂趣的工作，最後也一定能夠獲得回報。當你養成這種自動自發的習慣

時，你就有可能成為雇主和領導者。那些位高權重的人以行動證明了自己勇於承擔責任、值得信賴，他們有能力擔負起更重要的責任。

自動自發地做事，同時為自己的所作所為承擔責任。那些成就大業之人和凡事得過且過的人之間最根本的區別在於，成功者懂得為自己的行為負責。沒有人能促使你成功，也沒有人能阻撓你達成自己的目標。

我在十幾歲以及大學期間嘗試做過各式各樣的工作。我修理過腳踏車（後來被解雇了），我也挨家挨戶賣過辭典。有一年，我整整一個夏天都在為一個選美比賽收集那些訂出去而未收回來的票，那是一些中年人在推銷者甜言蜜語地勸說下訂下的，但其實他們根本無意去觀看。我還做過數學家庭教師、書店收銀員、出納和夏令營童子軍顧問。為了順利讀完大學，我還替別人打掃過院子，整理過房間和船艙。

所有這些工作，大部分看起來都很簡單很初級，我一度輕看它們，認為它們都是下賤而廉價的工作。後來，我意識到自己錯了。正是這些工作潛移默化地給予我許多珍貴的教誨和經驗，無論在什麼樣的工作環境中，也不管哪種工作等級，我發覺都在其中得到了無形的鉅額財富。

就拿在商店的工作來舉例。我自認為自己是一個好雇

員，做了自己應該做的事——記錄顧客的購物款。有一天，我正在和一個同事閒聊時，經理走了進來，他環顧了一下四周，然後示意我跟著他。他一句話也沒有說，就開始動手整理那些訂出去的商品；然後他走到食品區，開始清理櫃檯，將購物車清空。

我驚訝地看著他所做的一切，過了很久我才如夢初醒一般。原來，他在教我如何做事。他希望我和他一起做這些事！我之所以驚詫萬分，不是因為這是一項新任務，而是它意味著我要一直這樣做下去。可是，從前沒有人告訴我要做這些事——其實現在也沒有。

這事使我受益匪淺。從此之後，我因為這件事情給我的啟發和教育，成為了一名更優秀的雇員，我從每一項新增的工作中學到了更多的教益。這個教益就是要想更上一層樓，就要對自己的工作負責，不僅僅做別人安排做的事情，還要自動自發地做一些分外的事情。

自從受到了這樣的啟發，那些以前我認為低俗的工作開始變得有意思起來。我越是專注自己的工作，學到的東西和克服的困難也就越多。後來我離開那家商店去上大學。但是在那裡學到的人生經驗對我一生的影響都是極其深遠的。我已經從一個旁觀者變成一個認真負責的人。

如今我已經成為一名管理者，但是我依然一如既往地

發現那些需要做的事情 —— 哪怕並不是我分內的事。在各式各樣的工作中，我都能發現超越他人的機會 —— 不僅讓我的老闆與眾不同，也讓我自己超越平凡。

　　無論你現在處於什麼環境當中，請你相信，你可以使自己的生活好轉起來，就從今天開始，就從現在的工作開始，而不必等到遙遠的未來的某一天你找到理想的工作再去行動。

　　所謂的主動，指的是一種積極心態，就是隨時準備把握機會展現自己超乎他人要求的工作表現，以及擁有「為了完成任務，必要時不惜打破成規」的智慧和判斷力。一個優秀的管理者應該努力激發員工的主動性，培養員工的自我尊重感。自我尊重感的高低往往影響工作時的表現。那些在工作中自我尊重感低的員工，往往是一些墨守成規、避免犯錯，凡事只求忠誠公司規則，雇主沒讓做的事，決不會插手的人；而自我尊重感高的員工，則勇於負責，有獨立思考能力，行事善於發揮獨特創意，以保證出色地完成任務。

第三章

〈對待雇主，需要忠誠〉

ACCEPTS ☐   REGRETS ☐

雇主和員工是互惠關係，
而非傳說中的對立關係

　　如果你為一個機構或者為一個人工作，那你就真誠地、負責地去做好該做的事情；如果該機構或者這個人付給你日常的薪資，讓你得到飽足和發展，你要感謝他、稱讚他、支持他。

　　現代社會，競爭日益激烈，謀求個人發展、實現自我是一件天經地義的事情。但遺憾的是很多人將個性解放、自我實現與對工作對老闆的忠誠和敬業對立起來看待。其實，二者的關係是唇齒相依的。許多年輕人頻繁跳槽，以玩世不恭的姿態對待工作，覺得自己出賣了一定的勞動力就該得到薪水；他們蔑視敬業精神，嘲諷忠誠，將其視為雇主盤剝、愚弄下屬的手段。他們認為自己之所以工作，不過是迫於生存的需求。他們甚至慫恿那些具有敬業精神的員工，稱其完全沒有必要卑躬屈膝地勤勞幹活。

　　我曾經為了一日三餐而替人工作，我也曾經自己當過雇主，我深知作為兩個角色的種種甘苦。貧窮不是一件值得推崇和炫耀的事情，但這也不意味著所有的雇主都因為

貪婪和私慾而成為有些人口中的剝削者、專橫者，就像並非所有的人都心存善良一樣。

從雇主的立場出發，公司的生存和發展需要員工們的敬業和服從；對於員工來講，豐厚的物質報酬和精神上的成就感是他們關注的焦點。表面上看起來，二者之間存在著一定的對立性和排斥性。但是，如果你是一個有智慧的人，你會看到從更高的層面說，兩者的長遠利益是一致的和統一的。公司作為員工個人發展的平臺，必須不斷壯大不斷前進才可能提供越來越豐裕的待遇和福利，這就需要忠誠和有能力的員工同心合力來推動。而員工必須依賴公司的良好平臺才能最大程度地發揮自己的聰明才智。

為了自己的利益，每個員工都應該意識到自己與公司的利益是一致的，並且全力以赴努力去工作。只有這樣才能獲得雇主的信任，才能在自己獨立創業時，保持敬業的習慣。而為了自己的利益，每個雇主只保留那些最佳的職員，就是那些能夠把信帶給加西亞的人。可見，員工與雇主之間是互惠的關係。

我們發現許多公司在應徵員工時，個人品行是最重要的考察標準，能力放在第二位。沒有品行的人不能用，也不值得培養，因為他們根本無法將信帶給加西亞。因此，我告誡大家：如果你為一個機構或者為一個人工作，那你

127

就真誠地、負責地去做好該做的事情；如果該機構或者這個人付給你日常的薪資，讓你得到飽足和發展，你要感謝他、稱讚他、支持他。

也許有些不走運的是，你的雇主正好是一個心胸狹隘的人，他沒有體察到你的真誠，也並不珍惜你的忠心。為了自己的緣故，也不要因此產生牴觸情緒，輕易將自己與公司和雇主對立起來。記住，每個人都是有缺陷的普通人，都有不同程度的局限性，不要太在意雇主對你的評價，他可能會因為太主觀而無法對你作出客觀的評價。只要你竭盡所能，做到問心無愧，你的能力一定會提高，你的經驗一定會豐富起來，你的心胸也會變得更加開闊。你的價值和努力是一樁客觀事實，而不是被別人定義出來的。

我們常常聽到這樣的說法，「雇主是靠不住的！」這種說法也許並非沒有道理。但是，這並不意味著雇主和員工從本質上就是對立的。情感需要依靠理智才能保持穩定。當每個人都不完美的情況下，雇主和員工關係只有建立在一種制度上才能和諧統一。在一個管理制度健全的企業中，所有升遷都是憑藉個人努力得來的。如果想瓦解一個組織的士氣，最好的方法就是製造「只有玩手段才能獲得晉升」的工作氣氛。一個體制健全的公司升遷管道通

暢，勤勞真誠、耐心熱忱的人都有公平競爭的機會。只有這樣，員工才會感覺自己是公司的主人，而公司給人家一般的感受，這樣自己與公司就是合而為一的。

可見，員工和雇主是不是對立的關係，既取決於員工的心態，也取決於雇主的做法。智慧的雇主會給員工公平的待遇，而一個有心的員工也會以自己的忠誠來予以回報。

雇主也和你一樣是普通人，請以同情和理解來對待雇主

為什麼人們能夠輕而易舉地原諒一個陌生人的過失，卻對自己的雇主和上司的某些做法無法釋懷呢？

我早年曾經為他人工作，現在則為自己工作。從前總是認為雇主太苛刻，而現在卻常常覺得員工太懶惰，太缺乏主動性。事實上，一切都沒有改變，改變的是自己看待問題的角度。

我們都知道，成功法則中有一條偉大的定律 —— 待人如己。它的意思是，你希望別人怎樣對待自己，你就怎樣

對待別人。凡事多為他人著想，站在他人的立場上思考。
當你是一名雇員時，站在雇主的角度考慮他面臨的難處，
給雇主多一些體諒和理解；如果有一天你成為了一名雇
主，那麼你要好好回顧一下自己當初的體會，站在雇員的
角度多考慮照顧他們的利益，經常給他們一些支持和認同。

這條黃金定律是一條價值觀法則，當它轉化為生產力
的時候，會推動整個工作環境的改善。當你嘗試在工作中
待人如己，多為雇主著想時，你的內心深處就散發出美好
的善良因子，它將影響和感染包括雇主在內的周圍人。很
多時候，這種善意最終會回饋到自己身上。如果今天你從
雇主那裡得到一份同情和理解，你會感謝那條黃金法則，
因為也許這就是以前你在與人相處時遵守這條黃金定律所
產生的連鎖反應。

為什麼人們能夠輕而易舉地原諒一個陌生人的過失，
卻對自己的雇主和上司的某些做法無法釋懷呢？其實原因
很簡單，因為彼此之間有利益的衝突。當人們的關係一旦
用純粹的利益來衡量時，矛盾便不可避免。同樣，當認為
彼此之間的衝突是利益衝突時，所有的同情和理解都會化
為烏有，每個人都在盤算怎樣對自己有利。

對於一個私營企業主而言，經營管理一家公司是複雜
的工作，會面臨種種煩瑣的問題。來自客戶、來自公司內

部巨大的壓力，隨時隨地都會影響雇主的情緒。雇主也是一個普通人，有自己的喜怒哀樂，有自己的缺陷。他之所以成為雇主，並不是因為完美，而是因為他們具備某種別人所不具備的天賦和特質。因此，面對自己的雇主，我們首先要用對待普通人的態度來對待雇主，做到這些還不夠，我們更應該同情那些努力去經營一個大企業的人，因為他們不像普通員工，下班鈴聲響起就可以放下工作回家了，他們也許還要辛苦加班到很晚。

許多年輕人認為自己應該被提升而沒有獲得提升，原因是自己的雇主是個不公平的人。他們認為雇主任人唯親、嫉賢妒能，不喜歡比自己聰明的雇員，他們甚至得出結論，雇主會阻礙有抱負的人獲得成功。而事實上，對於大多數雇主而言，再也沒有什麼比缺乏合適的人才更讓他煩惱的事情了，也沒有什麼比尋找到合適的人選更讓他欣喜的了。

我想年輕人之所以產生這樣的念頭，更多時候是以己度人。但是這裡的「己」是一個自私的狹隘的「己」，我們常常說「以小人之心，度君子之腹」。其實，每一個員工第一天上班開始，雇主就在用心對他進行考察。他們會仔細觀察和分析他的能力、品格、習慣和言行舉止（包括認為雇主無知），他們不會輕率地否認這個年輕人的顯性價值和隱性價值。在大多數情況下，他們不會因為自己的

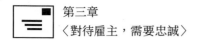

個人偏見而喪失一些真正能夠幫助自己事業的夥伴，畢竟
公司是自己苦心經營才發展起來的。

因此，如果你是一個員工，你應該在自己的職分上盡
力去做，在發生衝突時多反思自己的不足，能夠給予雇主
更多的寬容、理解和體恤，我相信你會因此贏得雇主的欣
賞和器重。

也許就算你這樣用心去做了，而雇主並不是一個領情
的人，這時，我們依然要耐住性子，設身處地從雇主的角
度著想。同情和寬容是一種美德，是你自己的一筆財富，
而非是一種用以討巧的技術活。在一個雇主那裡沒有得到
回應，會被下一個雇主視為寶貴。如果我們能養成這樣思
考問題的習慣，慢慢地，它就成為我們個人特質的一部
分，無論在什麼情況下，內心都會充滿寬慰。

▌成為一個對周圍人心存感恩的人

人們偶爾會念念不忘一個陌路人的點滴幫助，對於與
自己朝夕相處的雇主的種種恩惠卻視而不見，反而將自己
得來的一切視為理所當然。

　　有很多成功人士在談到自己的成功經歷時，常常喜歡過分強調這是自己個人努力的結果。但事實是，沒有一個成功人士是在單槍匹馬的情況下做出突出成就的，每個人都獲得過別人的許多幫助。在訂出成功目標並且付諸行動的過程中，你就會發現除了一些合作夥伴的幫助，自己還獲得了很多意料之外的支持。你應該感謝上天的眷顧，紀念這些幫助你的人，無論是誰，他們都是你感謝的對象。

　　身為一個擁有不同角色和身分的人，我們要感謝父母的恩惠，我們要感謝國家的恩惠，我們要感謝師長的恩惠，我們要感謝那些出現在我們生命中的人；沒有父母養育，沒有師長教誨，沒有國家愛護，沒有大眾助益，我們何能存於天地之間？所以，感恩不但是美德，更是一個人之所以為人的不可或缺的基本品格。

　　如今不乏這樣的現象，很多孩子自從來到塵世間，就受到父母如珍寶一般的呵護。他們對世界還未作出一絲貢獻，卻滿腹牢騷，抱怨不止。批評這不好，論斷那不對。只知仰承天地的甘露之恩，不思回饋，對「恩義」二字視如草芥，足見其靈魂的貧乏。

　　還有一些做事平庸的中年人，雖然年輕時得到國家的栽培以及上司的提攜，但並未盡力發揮一己之長，為別人作出應有的貢獻。卻也終日不滿現實，為許多事情憤憤不

平，彷彿遭受了滿腔委屈，好像別人都對不起他。因此，
這樣的人在家庭裡，難以成為善良的家長；在工作上，難
以成為稱職的員工。

有一句諺語叫做「羔羊跪乳，烏鴉反哺」，可見，動
物尚且感恩，何況身為萬物之靈的人類呢？我們從家庭到
學校，從學校到社會，不可缺的一樣就是感恩之心。我們
教導子弟，從小就要他們知道所謂「一粥一飯，當思來處
不易；一絲一縷，應知物力維艱」，目的就是要他們學會
感恩。

人們可以為一個陌路人的點滴幫助而感激不盡，卻無
視朝夕相處的雇主的種種恩惠。將一切視之為理所當然，
視之為純粹的商業交換關係，這是許多公司雇主和員工之
間矛盾緊張的原因之一。的確，雇傭和被雇傭是一種契約
關係，但是在這種契約關係背後，如果沒有情誼作為連結
雙方的紐帶，人與人之間永遠都是對壘的狀態。雇主和員
工之間也是如此。但無論從商業的角度還是從情感的角
度，這二者都是一種榮辱與共的關係，都可以宛若親情和
友誼一般親密。

不知你是否曾經想過，以一張字條的方式來告知你的
上司，你是多麼熱愛自己的工作，你是多麼感謝他在工作
中對你的提攜和幫助。我相信這種飽含真誠的表達方式一

定會讓他注意到你，甚至也會因此得到感動。感恩會傳染別人，雇主也同樣會以具體的方式來表達他的謝意，感謝你所提供的服務。

大聲對你周圍的人 —— 你的雇主和同事說出你的感謝，因為他們了解你、支持你。讓他們知道你感激他們的信任和幫助。請注意，一定要說出來，並且要經常說！這樣可以增強公司的凝聚力。

我們永遠都需要懷著一顆感恩的心。業務員遭到拒絕時，應該感謝顧客耐心聽完自己的解說，也許他會給你下一次惠顧的機會。雇主批評你時，應該感謝他給予的種種教誨。感恩無需我們花費一分一釐，但它卻是一項重大的投資，對於未來極有助益！

是的，真正的感恩是真誠的、發自內心的，而不是為了某種特定目的，或者迎合他人而表現出的虛情假意。與溜鬚拍馬不同，感恩是自然的情感流露，是不求回報的。一些人從內心深處感激自己的雇主，但是由於懼怕流言蜚語，而將感激之情隱藏在心中，甚至刻意地疏離雇主，以撇清這種嫌疑。這種想法是何等幼稚啊！如果我們能從內心深處意識到，正是因為雇主費盡心機地工作，公司才有今天的發展，正是因為雇主的諄諄教誨，我們才有所進步，才會心中坦蕩，又何必去擔心他人的流言蜚語呢？一

個懂得感恩的人是一個懂得愛的人，無需因為愛而感到尷尬和難為情。

懂得感恩的人擁有富裕的人生。它是一種深刻的感受，能夠增強個人的魅力，開啟神奇的力量之門，發掘出無窮的智慧。感恩也像其他受人歡迎的特質一樣，是一種習慣和態度。

感恩和慈悲是近親。時常懷有感恩的心情，你會變得更謙和、可敬且高尚。每天都用幾分鐘時間，為自己能有幸成為公司的一員而感恩，為自己能遇到這樣一位雇主而感恩。所有的事情都是相對的，不論你遭遇多麼惡劣的情況。

「謝謝你」，「我很感激你」，這些話應該經常掛在嘴邊。以特別的方式表達你的感謝之意，付出你的時間和心力，為公司為雇主更加勤奮地工作，比物質的禮物更可貴。

當你的努力和感恩並沒有得到相應的回報，當你準備辭職調換一份工作時，同樣也要心懷感激之情。每一份工作、每一個雇主都不是盡善盡美的。在辭職前仔細想一想，自己曾經從事過的每份工作，多少都存在著許多寶貴的經驗與資源。失敗的沮喪、自我成長的喜悅、嚴厲的雇主、溫馨的工作夥伴、值得感謝的客戶……這些都是人生

中值得學習的經驗。如果你每天能帶著一顆感恩的心去工作，相信工作時的心情自然是愉快而積極的。

▎學會在工作中欣賞、尊敬和讚美雇主

要知道，他之所以成為我們的雇主，一定有許多我們所不具備的值得學習的特質，正是這些特質使他在工作上超越了你。

瑪格麗特‧亨格佛曾經說過：「美存在於觀看者的眼中。」任何人身上都可能擁有被人欣賞的人格特質。她的看法和我們平常所說的「世界不是缺少美，而是缺少發現美的眼睛」不謀而合。每個人都是相當複雜的綜合體，融合了好與壞的感情、情緒和思想。你對他人的評價和想像，往往基於自己對他人的期望。

如果你相信別人有優秀之處，你就會在他身上發現到美好的人格特質；如果你不這樣認為，就無法發現他人身上潛在的優點；換句話說，你本身的心態是積極的，你就容易發現他人積極的一面。當你不斷提高自己能力的時候，別忘了培養欣賞和讚美他人的習慣，學會了解和發掘

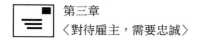
他人身上優秀的特質。

我們尋找他人的缺點是件很容易的事情，但是只有當你能夠從他人身上看到優秀的品德，並由衷地欣賞他們的成就時，你才能真正贏得友誼和讚賞。

對於我們的雇主，同樣也應該用這樣的眼光來看待。然而由於他是我們的雇主，我們要做到這一點實屬不易。身為公司的管理者自然會經常對我們的許多做法提出批評，經常會否定我們的許多想法，這些都會影響我們對他作出客觀的評價。要知道，他之所以成為我們的雇主，一定有許多我們所不具備的特質，這些特質使他超越了我們。

人性存在很多天然的狹隘和缺陷，比如大多數人都有嫉妒之心，我們難以面對那些比我們優秀的人。這一點正是阻礙大多數人邁向成功的絆腳石。成功學家告訴我們，提升自我的最佳方法就是幫助他人出人頭地。當你努力地幫助他人時，人們一定會回報你。如果我們能衷心地欣賞和讚美自己的上司和雇主，當他們得到升遷，當公司得到成長時，一定對你會有所回報 —— 是你的善行鼓舞了他們這樣做。有許多意想不到的機會都來自於你發自內心對他人的欣賞和讚美，你在他們最需要的時候給予了他們精神上的支持。在你需要的時候，你也能夠得到回應。

　　也許你的雇主並不見得比你高明多少，但只要他是你的雇主，你就必須服從他的命令，這是一個必須遵循的秩序。你要努力去發現他那些優越於你的地方，尊敬他、欣賞他、向他學習。如果我們都抱著這樣的心態，即使彼此之間有種種隔閡，有許多誤解，也會慢慢消解的。

　　我們不但在職時要讚美自己的雇主，就算是離職後同樣也要說過去雇主的好話。一位曾經聘用過數以百計員工的管理者曾向我談起自己應徵人員的心得：「面談時最能展現出一個人思想是否成熟，心胸是否寬大的是他對剛剛離開的那份工作所說的話。前來應徵的人，如果只是對我說過去老闆的壞話，對他惡意中傷，這種人我是無論如何也不會考慮的。

　　「也許一些人的確是因為無法忍受雇主的壓迫而離職的。」他繼續說，「但是一個心胸廣闊的人的做法應該是，不要去談論那些不愉快的舊事，更不要因自己所遭受的不公正待遇耿耿於懷。」

　　許多求職者為了開脫自己辭職的事實，以為指責原來的公司和雇主能夠提高自己的身價，於是信口開河，說三道四，這種做法看似聰明，實則愚蠢，其中道理不難理解。

　　如果你今天為了謀取一份工作，而將原來的老闆貶得

一無是處，誰能保證你明天不會將現在的公司批駁得體無完膚呢？所有公司都希望員工保持忠誠，每個雇主都希望能吸引那些對公司忠貞不渝的員工，而將那些過河拆橋的人拒之門外。

其實，我們對以前就職的公司和雇主做一些基於客觀事實之上的無傷大雅的評價未嘗不可，但如果這種評價帶有明顯的主觀色彩和個人情緒，建議你盡量免開尊口，因為它很可能變成一種不負責任的人身攻擊，會引起現任雇主和同事的反感。此外，許多公司和機構在應徵一些重要職位時，通常會透過各種手段、管道來了解應徵者在原公司的表現。世上沒有不透風的牆，當你的攻擊傳回原單位後，別人對你的評價就可想而知了。

當然，這種記住從前雇主好處的做法，也適用於我們生活的其他方面。我的一位朋友，原本打算與一位離婚婦女結婚，當一切都已經安排就緒的時候，忽然間，他改變了所有的計畫。我非常好奇這是為什麼，朋友這樣解釋道：「她總是一再談論前夫的各種醜事 —— 如何胡說八道，如何對她不公平，如何好吃懶做、不務正業等，真把我嚇壞了。我想，應該沒有一個如此壞的人吧。如果我和她結婚了，也不就成了她批評的對象了嗎？想來想去，還是決定取消婚事。」

　　還有一個例子。我認識一位年過四十的人，在最近的一次公司改組中失去工作。他被解聘之後，逢人就訴說自己所遭受的不公平待遇，他還會誇大其詞地說，整個公司上下一切都依靠他，而最後自己卻被人惡毒地扳倒了。

　　這個人訴苦時的表現使我越來越相信，他被解聘是咎由自取。他是一個十足的專講「過去時態語句」的人，而且只會說些不幸、恐怖、消極的事。如今，他依然還在失業中，如果這一點沒有徹底的改觀，對他而言，失業的歲月會相當漫長。自己也將繼續自食其果。

▌仔細觀察和學習雇主的過人之處

　　我們向自己的雇主學習，不是基於他的身分，而是因為他的優秀 —— 我為自己能遇到這樣一位雇主而慶幸。

▌一個好上司會讓你受益匪淺

在我的職業生涯中，我曾經遇到過一個好上司，他傳授我做生意的技巧，也教育我經商的道德，對此我十分感激。漸漸地，我升職了，擔任了更重要的職務。然而，雇主對我的器重引起了其他人的嫉妒，隨之攻擊我的流言蜚語也不斷傳出。有人說我是雇主的跟屁蟲，因為處處模仿雇主的風格才得以提升的。這些傳言和眼光給我帶來一種如負重袱的感覺。

後來，我冷靜下來仔細地思考，覺得自己的擔憂是多餘的。模仿，是人類的本性。每個人從模仿中學習比從其他方式所學到的知識要多得多。大部分人會注意傾聽、觀察，然後模仿他人的言行舉止。你說話、走路的樣子，你的姿態、動作、表情可以說大部分是「抄襲」自你最親近的人。同樣，你的心理、處世哲學也多是從那些對你有影響的人 —— 父親、老師雇主那裡學來的。我向雇主學習，不是因為他有雇主的身分，而是因為他有出眾的地方 —— 我為自己能遇到這樣一位雇主而慶幸。

我記得四年前發生的一件事，我的兩位學生分別來找

我諮詢大學畢業後的就業問題。他們都是很聰明的年輕人，讀書時成績都十分優秀，興趣和愛好也很廣泛，對於他們來說，有許多工作機會可供選擇。當時，我的一位朋友創辦了一家小型公司，正委託我幫助他物色一個適當的人做助理，於是我建議兩個年輕人去試試看。

他們倆後來分別去應徵，第一位前去應徵的學生名叫幾米。面談結束後他打電話給我，用一種厭惡的語氣對我說：「你的朋友太苛刻了，他居然只肯給月薪 400 美元，我拒絕了他。現在，我已經在另一家公司上班了，月薪 600 美元。」

後來去應徵的學生名叫唐克，他卻欣然接受了這份工作。儘管開出的薪資也是 400 美元，儘管他同樣有更多賺錢的機會。當他將這個決定告訴我時，我問他：「如此低的薪資，你不覺得太吃虧了嗎？」

他說：「我當然想賺更多的錢，但是我對你朋友的印象十分深刻，我覺得只要能從他那裡多學到一些本領，薪資低一些也是值得的。從長遠的眼光來看，我在那裡工作將會更有前途。」

這是四年前的事情了。幾米當時在另一家公司的薪資是年薪 7,200 美元，目前他也只能賺到 8,750 美元，而最初年薪只有 4,800 元的唐克，現在的固定薪酬是 20,000 美

元，另外還要加上紅利。

　　他們兩個人的差異到底在哪裡呢？幾米被最初的賺錢機會矇蔽了，而唐克卻基於能學到東西的考慮對自己的工作作出了不失智慧的選擇。

　　現代的許多年輕人在選擇工作時，首先關心的是「月薪多少」、「工作時間長嗎」、「有哪些福利」、「有多少假期」，以及「什麼時候調薪」。我經常為大多數人選擇工作如此盲目而感到驚異。

　　我們看到大概 90％以上的人都忽略了一項重要的因素，那就是「我要選哪些人成為我工作的導師？」

　　如果你是一位高中足球隊隊員，畢業後想繼續效力職業足球隊，你選擇大學的最重要因素一定是「哪位足球教練能教你最多，最能鼎力培養你。」

　　如果你發現自己的雇主無法帶給你心靈或者技巧上的益處，使你在職業和精神上無法受益，你就應該毅然決然地離開。無論你想要成為一位偉大的音樂家，還是一個成功的演員，都要遵循同樣的原則。人無權選擇自己的父母，但是卻有權選擇自己的雇主。

　　對個人的成長影響頗大的一件事是與什麼樣的人交往。長久地生活在低俗的圈子裡 —— 無論是道德上低俗，還是品味上的低俗 —— 都不可避免地讓人走下坡

路，我們應該努力地去接觸和效仿那些擁有高尚情操和學識不凡的人。

從小時候起，每個人都會有自己欣賞的對象。我們常常崇拜和學習那些離我們遙遠的偉人，卻往往忽略了近在身邊的智者，這一點在工作中展現得尤其充分。也許是出於嫉妒，也許是由於利益的衝突，我們忽視了那些每天都在督促我們工作的雇主和上司 —— 那些最值得學習的人。他們之所以成為管理我們的「牧羊人」，必然有我們所不具備的優勢。聰明人應該時刻觀察和研究他們的一言一行，了解身為一名管理者所應該具備的知識和經驗。只有這樣，我們才有可能獲得提升，才有可能在自己獨立創業時做得更好。

模仿和學習自己的師長是一件極其有價值的事情。弟子長時間跟隨著師父，學徒耐心地向工匠學習，學生藉著協助教授做研究而提高，剛剛入門的藝人花費時間和卓有成就的藝術家相處 —— 都是藉著協助與模仿，從而觀察成功者的做事方式。大工業化生產破壞了這種學徒關係，也破壞了雇主與雇員之間的這種學習關係，雇員與雇主之間逐漸變成了矛盾對立的利益體。在一些錯誤觀點的主導之下，許多人甚至因此喪失了謙卑向人學習的能力。

有一些有心人，他們不惜代價為傑出的成功人士工

作，尋找種種藉口和他們共處，目的就是為了學習他們的不俗之處，從而運用到自身。注意留心雇主的一言一行、一舉一動，觀察他們處理事情的方法，你就會發現，他們有著與普通人的不同之處。如果你能做得和他們一樣好，甚至做得更好，你就有機會獲得晉升。

有錢人不一定就是優秀的人，那些人格、品行、學問、道德都勝人一籌的人才是真正優秀的人。與他們交往，你能吸收到各種對自己生命有益的養分，可以使你的事業收穫更多。

人與人之間可以互為滲透。這就意味著腦海與腦海之間、心靈與心靈之間，有著一種巨大的感應力量，這種感應力量，雖無法測量，然而其刺激力、破壞力和建設力都是無比巨大的。如果你經常與那些無論是品行還是能力都在你之下的人混在一起，那一定會降低你的志願和理想。

我們常常悔恨錯過了晉升的機會或者漲薪的機會，但如果你錯過了一個能夠給你以教益的人交往的機會，實在是一種莫大的不幸。只有透過與優秀的人交往，才可能擦去生命中粗糙的部分，才可以磨成器。向一個能夠激發我們潛能的人學習。其價值遠勝於一次發財獲利的機會，那能使我們的力量增加百倍。

仔細想想，其實，除了自己的家人之外，雇主是與自

己接觸最多的人，也是自己每天都面對的比自己優秀的人。千萬不要錯過向雇主學習的機會。

▌以主角的心態和你的公司站在一起

如果你是雇主，一定會希望員工能和自己並肩站在一條線上，將公司的前程當成自己的前程，努力、勤奮、積極主動。因此，當你的雇主向你提出這樣的要求時，請不要拒絕他。

我們絕大多數人都必須藉助一個平臺來託付自己的事業生涯。只要你還是某一機構中的一員，就應當拋開任何藉口，將自己的忠誠和責任投入進去。一榮俱榮，一損俱損！將身心徹底融入公司，盡職盡責，處處為公司著想，對投資人承擔風險的勇氣報以欽佩，理解管理者的壓力，那麼任何一個雇主都會視你為公司的支柱。

我曾經聽到有人說過，一個人應該永遠同時從事兩件工作：一件是目前所從事的工作；另一件則是真正想做的工作。如果你能將該做的工作做得和想做的工作一樣認真，那麼你一定會成功，因為你在為未來做準備，你正在

學習一些足以超越目前職位，甚至成為雇主或雇主的雇主的技巧。一旦時機成熟，你先前的準備就會開啟你成功的第一步。

如果你精通了某一項工作，千萬別陶醉於一時的成就，趕快想一想未來，想一想現在所做的事有沒有改進的餘地。這些都能使你在未來取得更長足的進步。儘管有些問題屬於雇主考慮的範疇，但是如果你考慮了，說明你正朝雇主的位置邁進。這絕不是有些風涼話講到的「鹹吃蘿蔔淡操心」。

回顧一天的工作，捫心自問一下：「我是否付出了全部精力和智慧？」如果你是雇主，你對自己今天所做的工作完全滿意嗎？別人對你的看法也許並不重要，真正重要的是你對自己的看法。如果你是雇主，一定會希望員工能和自己一樣將公司當成自己的事業，更加努力、更加勤奮、更積極主動。因此，當你的雇主向你提出這樣的要求時，請不要拒絕他。

以雇主的心態對待公司，就是以主角的姿態看待自己的工作。你會成為一個值得信賴的人，成為一個雇主樂於雇用的人，一個可能成為雇主得力助手的人，更重要的是，你能心安理得地沉穩入眠，因為你清楚自己已全力以赴，已完成了自己所設定的目標。

　　許多管理制度健全的公司，正在創造機會使員工成為公司的股東。因為人們發現，當員工成為企業所有者時，他們表現得更加忠誠，更具創造力，也會更加努力工作。有一條永遠不變的真理：當你像雇主一樣思考時，你就成為了一名雇主。一個將企業視為己有並盡職盡責完成工作的人，終將會擁有自己的事業。

　　記住，以雇主的心態對待公司，為公司節省花費，最終公司也會按比例給你報酬作為你忠誠的回報。獎勵可能不是今天、下星期或者明年就會兌現，但它一定會來，只不過表現的方式不同而已。當你養成習慣，將公司的資產視為自己的資產一樣愛護，你的雇主和同事都會看在眼裡。美國自由企業體制是建立在這樣一種前提之下，即每一個人的收穫與勞動是成正比的。

　　然而在今天這種狂熱而高度競爭的經濟環境下，你可能常常感慨自己的付出與受到的肯定和獲得的報酬並不成正比。如果下一次，當你感到工作過度卻得不到理想薪水、未能獲得上司賞識時，記得提醒自己：你是在自己的公司裡為自己做事，你的產品就是你自己。

　　我們不妨再做一個假設。假設你是雇主，試想一想你自己是那種你喜歡雇用的員工嗎？當你正考慮一項困難的決策，或者你正思考著如何避免一份討厭的差事時反問自己：

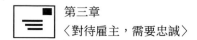
如果這是我自己的公司，我會如何處理？當你所採取的行動與你身為員工時所做的完全相同的話，你已經具有處理更重要事物的能力了，那麼恭喜你，你很快就會成為雇主。

▌輕視你所效力的公司其實是輕視你自己

只要你依然是某一機構或者某一事業的一部分，就不要誹謗它，不要傷害它。輕視自己所就職的機構就等於輕視你自己。

我們大多數人在遭受挫折與不公正待遇時，往往會採取消極對抗的態度。不滿通常引起牢騷，希望獲得別人的注意與同情。這雖是一種正常的心理自衛行為，但卻是許多雇主心中的痛。大多數雇主認為，牢騷和抱怨不僅惹是生非，而且造成組織內彼此猜疑，打擊團隊士氣。因此，這種作為得不償失。無論對自己還是對雇主都會造成一樣的後果。

當你牢騷滿腹時，不妨參考雇主定律：第一條、雇主永遠是對的；第二條、當雇主不對的時候，請參照第一條。

　　我認識一個受過良好教育、才華橫溢的年輕人，但他在公司長期得不到提升。他是一個缺乏獨立創業勇氣的人，也很少能夠自我反省，久而久之，養成了一種樂衷嘲弄、吹毛求疵、抱怨和批評的惡習；他根本無法獨立自主地做任何事，只有在被迫和監督的情況下才能工作。他常常認為，敬業是雇主剝削員工的手段，忠誠是管理者愚弄下屬的工具。他在精神和文化上與公司格格不入，這使得他無法真正從那裡受益。

　　看到這些問題，我對他的勸告是，一個人有所施才會有所獲，如果你決定留下來繼續工作，就應該多一些思考和分析，發自內心地給予公司雇主理解、同情和忠誠，並引以為豪。如果你無法做到不中傷、不非難和不輕視你的雇主和公司，那麼就放棄這個職位，然後以一個旁觀者和中立者的角度來審視自己的作為和心靈。好好想想，只要你依然是某一機構的一部分，就不要誹謗它，不要傷害它。因為，輕視自己所就職的機構就等於輕視你自己。

　　在這個世界上，每個人的動機不同、態度不同、眼界不同。無論誰做任何事情，肯定會受到議論，甚至批評、中傷和誤解。從某種意義上說，批評是對那些偉大傑出人物的一種考驗。傑出無需證明，證明自己傑出的最有力證據就是能夠容忍謾罵而不去報復他人。林肯做到了，他知

道每一個生命都必定有其存在的理由。他對生命的詮釋讓那些輕視他的人意識到：自己種下分歧的種子，最終必會自食其果。

我曾經結識一名耶魯大學的學生。他真是讓我跌破眼鏡。我敢說他根本代表不了真正的耶魯精神，因為他對學校總是充滿了批評和抱怨。在他抱怨的人當中，哈德利校長當然不能倖免，有人提供給我一些事實和數據，有時間有地點，足以對他做出嚴厲的批評。

一個充滿抱怨的人，自身態度出現問題是很正常的。果然很快我就發現問題並不是出在耶魯，而是在那個年輕人身上。在精神上，他與學校是如此的不和諧，這使他無法真正從耶魯獲得教益。耶魯雖然並不是一所完美的大學（關於這一點哈德利校長和其他耶魯人也不會否認），但是耶魯的確能夠提供許多優越的學習條件，至於能否充分利用這些便利條件則取決於學生本人。

我想，如果你是一名大學生，你應該充分利用好學校的資源，也應該對學校所提供的一切培訓、教育給予感謝、理解和忠誠，並且引以為豪。讚美你的老師──有所施才有所獲──他們盡職盡責給學生以教誨。如果說學校還存在著許多不完美的地方，那麼身為學校的一分子，你每天努力愉快地去學習，做正面的事情，就會使它

因為你的表現而變得越來越好。

這種處事態度也適用於你的工作。如果你任職的公司陷入困境，而雇主是一個守財奴的話，你最好走到雇主面前，自信地、心平氣和地，而不是吹毛求疵地對他說：「老闆，你有點太吝嗇了。」你可以大方而真誠地指出他的方法有不合理的、荒謬的地方。隨後你告訴他應該如何改革，你甚至可以自告奮勇去幫助公司清除那些不為人知的弊端。

我們在職場中很少會這樣去做，更多的時候是自己陷入苦惱當中。嘗試著這樣去做！但如果由於某種原因你無法做到，那麼請作出以下選擇：堅持還是放棄。你只能兩者擇其一，現在就開始選擇吧！

你知道嗎，在你的步調不知不覺與公司的步調慢慢脫離時，一股強風就會隨之而來，你會被連根拔起，吹進暴風雨中——你可能自己都不知道是什麼原因。

由於競爭的激烈和自身的不足，你會在每個地方都發現許多失業者，與他們交談時，你會發現他們充滿了抱怨、痛苦和誹謗。這就是問題所在——吹毛求疵的性格使他們深受其害，也使自己發展的道路越走越封閉。當他們與公司格格不入，抱怨不斷時，他們對公司而言變得不再有用，只好被迫離開。每個老闆總是不斷地尋找能夠助他一臂之力的人，當然他也在考察那些不發揮作用的人，

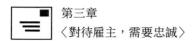
任何成為發展障礙的人都會被拿掉。

你相信嗎，如果你告訴其他雇員，說自己的雇主是個吝嗇鬼，那麼，這表示你也是；如果你對他們抱怨公司的制度如何不健全，其實表現最明顯的就是你。

我們看到，那些只顧把時間花在說人長短、譭謗他人的人，是沒有時間成功的。我們人的能力極其有限，包括時間、精力和金錢都是有限的，你必須謹慎地選擇開銷的方式。如果你決定以貶抑別人來提高自己，你會發現自己將大部分時間和精力花費在是非上，可用的時間所剩無幾。如果你愛散布惡意傷人的內幕，就會喪失他人對你的信任。最終受損失的是你自己。有句話叫做：「向我們論人是非的，也會向人論我們的是非！」

任何時候不要抱怨，
它會帶給你無盡的苦毒和怨恨

如果你還不知道自己要的是什麼，就千萬不要張口抱怨雇主不給你機會。通常那些喜歡大聲抱怨自己缺乏機會的人，往往是在為自己的失敗找藉口。

　　我們抱怨，也許是因為貧困的生活像枷鎖一樣困擾著我們，沒有親朋好友，無依無靠地生活在異鄉他國。我們急切地希望減輕自己身上沉重的負擔。然而，彷彿陷入黑暗的深淵之中，負擔是如此沉重。於是，我們不停地抱怨，感嘆命運對自己的不公，抱怨自己的父母、自己的雇主，抱怨上蒼為何如此不公，讓我們遭受貧困，卻賜予他人富足和安逸。

　　趕快停止你的抱怨吧，讓煩燥的心情平靜下來。好好想想，你所埋怨的並不是導致你貧困的原因，恰恰相反，根本原因就在你自身。你抱怨的行為本身，正說明你倒楣的處境是咎由自取。

　　但凡喜歡抱怨的人在世上是沒有立足之地的，煩惱憂愁更是心靈的殺手。缺少良好的心態，如同收緊了身上的鎖鏈，將自己緊緊束縛在黑暗之中，使自己陷入心靈的牢籠無法自拔。

　　這世上還沒有人會因為壞脾氣和消極負面的心態而獲得獎勵和提升。仔細觀察任何一個管理健全的機構，你會發現，最出色的人往往是那些積極進取、樂於助人，能適時給他人鼓勵和讚美的人。身居高位之人，往往會鼓勵他人像自己一樣快樂和熱情。儘管如此，依然有些人無法體會這種用意，他們將訴苦和抱怨視為理所當然。

　　有一句古老的格言是這樣的：「如果說不出別人的好話，不如什麼都別說。」這句格言在現代社會更顯珍貴 —— 因為幾乎在所有機構當中，那種吹毛求疵、流言蜚語和抱怨永不止息的現象無處不在。

　　在我們面前說人是非的人，也一定會在他人面前非議我們。所謂「好話不出門，壞話傳千里」，閒話在一來一往中最容易滋生是非，影響人與人之間的凝聚力。與其抱怨對公司和雇主的不滿，不如努力地欣賞彼此之間的可取之處，這樣一來，你會發現自己的處境大有改善。

　　如果你還不知道自己要什麼，就千萬不要張嘴抱怨雇主不給你機會。那些喜歡大聲抱怨自己缺乏機會的人，往往是在為自己的失敗找藉口。成功者不善於也不需要編製藉口，因為他們能為自己的行為和目標負責，也能享受自己努力的成果。

　　常常抱怨的人，終其一生都不會有真正的成就。人往往在克服困難的過程中產生勇氣、培養堅毅和高尚的品格。

　　或許你正住在一間簡陋的破屋裡，心中夢想著寬大而明亮的殿堂，那麼，你首先應該做的是努力將這間小屋變成一個乾淨整潔的天堂，將你那些積極向上充滿盼望的心緒充滿小屋。

　　好好想想，你所樂意合作的夥伴是那些總在抱怨的

人，還是那些值得信賴、善於發現別人長處的人呢？

　　抱怨不僅無濟於事，更為嚴重的後果是，它會使你陷入苦毒怨恨的無盡深淵。

▋忠誠是一種人生姿態，是必備的責任感

　　頻繁地跳槽直接損害的是企業，但從更深層次的角度來看，缺乏忠誠度，對員工自己的傷害更深。「這山望著那山高」的習慣使員工自身價值有所降低。

　　我們常常說智慧和勤奮像金子一樣珍貴，如果還有一種東西更為珍貴的話，那就是忠誠。忠誠你所效力的公司，從某種意義上講，就是忠誠自己的事業，只不過是以不同的方式為這種事業作出貢獻。忠誠展現在工作主動、責任心強、細緻周到地體察雇主和上司的意圖。忠誠還有一個最重要的特徵，就是不以此作為尋求回報的籌碼。

　　許多雇主在用人時，既要考察其能力，更看重個人特質，而特質最關鍵的就是忠誠度。下級對上級的忠誠可以增強雇主的成就感和自信心，可以增強集體的競爭力，使公司更興旺發達。因此，一個忠誠的人十分難得，一個既

忠誠又有能力的人更是難求。忠誠的人無論能力大小，雇主都會給予重用，這樣的人走到哪裡都有條條大路向他們敞開。相反，能力再強，如果缺乏足夠的忠誠，也往往被人拒之門外。畢竟在人生事業中，需要用智慧來作出決策的大事很少，需要用行動來落實的小事甚多。少數人需要智慧加勤奮，而多數人卻要靠忠誠和勤奮。

在現今社會，忠誠二字已經變得越來越珍貴了。許多公司花費了大量成本和資源對員工進行培訓和教育，然而當他們累積了相當的工作經驗後，就一走了之，更嚴重的是有些人乾脆不辭而別。而那些留在公司的員工，則整天抱怨公司和雇主無法提供良好的工作環境，將所有責任全部歸咎於雇主。我們發現，在管理機制良好的公司，跳槽現象也頻繁發生，員工同樣也不安分。這不得不讓人感嘆人心的浮躁和缺乏責任感。大多數情況下，跳槽並非公司和雇主的責任，更多在於員工對自身目標以及現狀缺乏正確的認知。他們過高猜想了自身的實力，以及對那些向他們頻頻揮手的公司抱有過高的期望。

當一種不良風氣不斷蔓延時，它會影響社會生活的各個領域，當這種風氣傳染到整個商業領域時，許多具有一定忠誠度的員工也受到傳染而投入跳槽大軍中，使整個職業環境繼續惡化。

　　缺乏忠誠度，頻繁地跳槽直接損害的是企業，但從更深層次的角度來說，對員工的傷害更深，「這山望著那山高」的習慣使員工價值有所降低。這些人對自己的內心需求沒有認真地反思，對自己奮鬥的目標沒有清晰的認知，自然無法選擇自己的發展方向。

　　人一生要達到自己想去的地方，真的要經歷很多的抉擇。從職業的角度說，我們難免要調換幾種工作。但是這種轉換必須依託於整體的人生規劃。盲目跳槽，雖然在新公司收入能有所增加，但是，一旦養成了這種習慣，跳槽不再是目標，而成為一種慣性，換句話講，是一種不斷的逃避。

　　著名銀行家克拉斯年輕時也不斷變動工作，但是他始終抱有一種理想，就是有朝一日能夠管理一家大銀行。他曾經做過交易所的職員、木料公司的統計員、簿記員、收帳員、折扣計算員、簿記主任、出納員、收銀員等，試了一樣又一樣，最後才逐步接近自己的目標。

　　他提醒我們：「一個人可以有幾條不同路徑達到自己的目標地。如果能在一個機構裡學到自己所需的一切學識和經驗當然很好，但大多數情況下需要經常變化自己的工作環境。面對這種情況，我認為他必須懂得自己想做什麼，為什麼要這樣做。

　　「如果我換工作僅僅是為了每週多賺幾塊錢，恐怕我

的將來早為現在而犧牲了……我之所以換工作，完全是因為現在的公司和雇主無法再給我帶來更多的教益了。」

人們在跳槽時總是故作瀟灑地為自己開脫「此處不留爺。自有留爺處。」但是，真正面對工作時又是如此無奈。一個頻繁轉換工作的人，在經歷了多次跳槽後，發現自己不知不覺中形成了一種習慣：一旦工作中遇到困難，就不由自主地萌生跳槽的念頭；人際關係緊張也想跳槽；看見好工作（無非是多賺幾個錢）想跳槽；有時甚至莫名其妙就是想跳槽，總覺得下一個工作才是最好的，似乎一切問題都可以用轉移陣地來解決。這種感覺使人常常產生跳槽的衝動，甚至完全不負責任地一走了之。

如果你不能夠正確地看待跳槽對於自己職業生涯的意義，久而久之，你將不再勇於面對職場現實，也難於積極主動克服困難了，而是在一些冠冕堂皇的理由下迴避、退縮。這些理由無非是不符合自己的興趣愛好、雇主不重視、命運不濟、懷才不遇、別人不理解等，幻想著跳一個新的單位後所有問題都能迎刃而解。

越來越多的年輕人喪失了成就事業最寶貴的忠誠和敬業精神，變得心浮氣躁，凡事淺嘗輒止，遇難而退。但又不甘平庸，這山望著那山高，空有遠大理想，無心執著追求。此可謂個人之悲，國家之悲，社會之悲！

先處理好心情，再著手處理工作

當你萌生另起爐灶、轉換門庭的念頭時，不妨先處理一下自己糟糕的心情，以全新的角度再度審視自己的公司、自己的工作和自己的雇主，或許離職的想法會就此打消。

每一份工作都不是徒勞的，都會給你帶來一些寶貴的經驗，它們是你人生成長過程中最重要的資源。因此，當你萌生另起爐灶，轉換門庭的念頭時，不妨先轉換一下自己的心情，以新的角度審視自己的公司、自己的工作和自己的雇主，或許離職的想法會就此打消。

一個人的職場生涯經歷幾份不同的工作是非常正常的，但是，每一次轉換是否為你帶來正面的效應，是否對你的人生價值有所提升（並不僅僅是薪酬的提高），這是你辭職前必須深思熟慮的問題。許多人盲目地跟著潮流走，只看到新工作、新公司、新雇主表面的優點，卻沒有反思自己的工作態度和心情，從而輕率地放棄原本熟悉的工作，結果陷入更為惡劣的工作環境中。

很多人在事業不如意時，總是期待環境或者他人能根

據自己的意願而改變，而不懂得追根究柢，找出問題的真正根源所在，一旦過高的期望值落空，失望與無助便湧上心頭，自己的情緒就會變得十分低落，進而產生轉換門庭的想法。對此，我的看法是，跳槽前謹慎地自我反省一下，也許你會發現，轉換自己對工作的態度與認知，可能才是解決問題的最根本的方法。

有權威的研究人員調查發現，一個人產生另起爐灶的想法，原因不外乎以下幾種。看看自己屬於哪一種情況，對症下藥，消除不良心態。

──薪資過低。

要知道一般情況下，你的薪資待遇往往和你作出的貢獻成正比。換句話，如果你能長期付出，忠誠自己的事業，雇主或主管肯定不會視而不見。而且，薪資收入除有形的貨幣以外，還包括許多無形的資產，譬如良好的人際關係、技能訓練和豐富的工作經驗等。

──才能無法得到充分的發揮和重視。

「天生我材必有用」這句話的確不錯，但是要做到適材適用必須和雇主共同努力才能實現。你對自己的專長和興趣了解嗎？在現在的公司究竟還有沒有發展空間？對於這些問題，你不僅要自己認真反省自己，也要和雇主多多溝通。人有多方面的天賦，做一行愛一行，用心做好每一

件事，才能找到更多發展的機會。

　　── 與雇主的經營策略有分歧。

　　有分歧是正常的，因為每個人看待問題的角度是不同的。但請仔細想一想，這種分歧或許多半並非雇主的原因，可能是自己太固執己見，也可能是自己沒有充分表達自己的想法。站在雇主的角度，更全面思考公司的發展問題，也許視野會更開闊些，也許能看到許多現實的問題。如果還不能說服自己，那麼試著去適應公司的發展規劃，適應公司的文化和雇主的作風，等待更好的時機來表達自己的意見。

　　── 工作時間過長。

　　當這個問題跳到腦海裡的時候，你先捫心自問，究竟是自己工作效率太低，還是業務量過重？如果是前者，那麼正確的態度是努力提高自己的技能，更加投入地學習和自我提升。如果是後者，則應該主動地尋求雇主的支持，並且能提出具體的解決方法，而不是一味選擇逃避。

　　── 對公司的職場氣氛不滿。

　　仔細地分析一下，究竟是自己性格過於偏狹，還是整個公司的工作氛圍真的不像話？如果是自己的問題，你不從心理上解決自己的問題，就算換到任何公司，你都會感覺到壓抑。當遇到與雇主和同事之間關係緊張時，不要總

是站在自己的身分和角色上去為自己辯解，凡事反求諸己，就能看到另一片海闊天空。試一試用自己的寬容大度和幽默來改善工作氣氛吧！

—— 教育訓練不足。

不可否認，良好的培訓體系能夠提高自己的業務水準。但在工作中是否能獲得長足的發展，培訓和教育並非是必要條件，它往往取決於你的態度。一個充滿挑戰性的工作，壓力必然很大。一個優秀的雇主、一群和睦相處的同事，可能比死板的教育訓練讓你獲益更多。

—— 升遷管道僵化。

如果最近公司有人獲得升遷，那個人不是你，那麼就要搞清楚究竟是雇主任人唯親，還是你自己的能力欠佳。不要嫉妒他人，先入為主地認為他人的升遷不過是靠關係、拍馬屁，要努力去發現那些自己所不具備的優秀特質和卓越能力，並對照自己的問題不斷改正。

—— 交通不便。

你可以為了工作早點起床嗎？你可以為了工作改變晚睡的習慣嗎？每個人都有惰性，但在工作的態度上，只有勤勞才會有收穫，這是一個最基本的成功法則。

令人奇怪的是，許多人不是以工作為中心來轉換居住的地點，而是以自己的居住地為中心來尋找工作。這樣的

規劃本身就是一種被動行為。

　　——對行業前景及公司未來感到不安。

　　公司或行業的前景需要有專業而冷靜的判斷，而不是以此作為逃避責任和壓力的藉口。俗話說，景氣時有賠錢的公司，不景氣時也有賺錢的公司。多問問自己是否累積了足夠的專業技能。往往在經濟衰退、公司經營業績不佳時，最能展現員工的能力和忠誠度。

　　——自己的能力不受肯定。

　　一個人不能夠正確地了解自己是常有的事情。很多時候，我們會高估自己的能力，一味地陷入懷才不遇的苦悶裡。殊不知孤芳自賞只會在職場中令人嫌棄。多和雇主談談自己的工作理想和抱負，多參加一些重大專案，也許能對自己的能力有一個正確的評估。

▍忠誠能夠帶給你滿足感與尊重感

　　忠誠的意思，並不是指盲目地從一而終，它是一種對自己從事的職業的責任感。也不是對某個公司或者某個人的忠誠，而是一種對職業本身的忠誠，是對從事某一職業

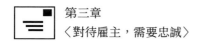
所表現出來的敬業和熱愛精神。

　　一位成功學家曾經說過：「如果你是一個忠誠的人，你就會成功。」忠誠是一種美德，一個對公司忠誠的人，他忠誠的對象不是純粹指這個企業，而是忠於這項事業所擔當的人類幸福。

　　健全的品格使你不會為自己的聲譽擔憂，也不會輕易被別人的看法所動搖。正如湯瑪斯‧傑佛遜所說：「成功之人就是敢作敢當的人。如果你由衷相信自己的品格，確定自己是個誠實可信、和善、謹慎的人，內心就會產生非凡的勇氣，而無懼他人對你的看法。

　　忠誠是一種特質，能帶來自我滿足、自我尊重，是一天二十四小時都伴隨我們的精神力量。一個人的選擇，既可以控制和掌握無形的自我，引導自己因為正確的選擇而獲得榮譽、名聲及財富，也可能因為選擇錯誤的方向將自己放逐到失敗的悲慘境地。

　　忠誠是生命的潤滑劑，一個忠誠的人不會經常苦惱，也不會因情緒的波動而陷入迷惘。他堅守著生命的航船，即使船就要沉沒，也會像英雄一樣，在歌聲中隨著桅杆頂上的旗幟一起沉沒。可見，忠誠和努力是融為一體的。

　　古往今來，忠誠就是人類最重要的美德之一。忠實於自己的公司，忠實於自己的雇主，與同事們同舟共濟、共

赴艱難，獲得一種集體的力量，你的人生就會變得更加飽滿，事業就會變得更有成就感，工作就會成為一種人生享受。相反，那些表裡不一、言而無信之人，整天陷入爾虞我詐的複雜人際關係中，他們花費大量的時間和精力遊走在上下級之間，在同事之間玩弄各種權術和陰謀。這樣的人即使一時揚眉吐氣，取得一些暫時的成就，但終究，這種為人處事的態度不是一種理想的人生，他們所擔當的工作也不是一項令人愉悅的事業，最終受到損害的還是自己。

一個人的忠誠度越高，就越能夠擔當重任。對於經營者來說，普通員工需要有責任心，中層員工不但要有責任心還要有上進心，而對於高層人士說最重要的是對公司價值觀的認同，要有和公司一同發展的事業心，因此，越往高處走，對忠誠度的需求就越高；相應的，你的忠誠度越高，就越有可能獲得提升。

忠誠是一項美德，它融入在我們的生命裡面。不是憑口說說而已，它需要經受考驗。你忠於公司嗎？忠於雇主嗎？如何能證明你是忠誠的呢？人們常常說，患難見真情，其實忠誠也是如此。企業面臨危機之際，正是檢驗員工忠誠度之時。平穩時期又如何來考驗員工的忠誠度呢？畢竟一間企業不可能總處在危機中。有時候，雇主們為

了考驗員工們，也會想出一些辦法製造危機，來「折騰」員工。

有一個叫做查理的人，到某大公司應徵部門經理，雇主提出要有一個考察期。但讓他沒有想到的是，上班後他被安排到基層商店去站櫃檯，做銷售代表的工作。一開始查理無法接受，但還是耐著性子堅持了三個月。後來，他意識到，自己對這個行業不熟悉，對這個公司也不十分了解，的確需要從基層工作學起，才可能全面了解公司，熟悉業務，何況自己拿的還是部門經理的薪水呢。

查理懂得這是雇主對自己的一種考驗，雖然實際情況與自己最初的預期有很大的差距，但是他堅持下來了，三個月以後他全面承擔部門的職責，並且充分利用三個月最基層的工作經驗，帶領團隊取得了良好的業績。半年後，公司經理調走了，他得以提升；一年以後，公司總裁另有任命，他被提升為總裁。每當回首往事，他都非常感謝最初的那段日子，他常常頗有感慨地說：「當時忍辱負重地工作，心中有很多怨言。但是我知道雇主是在考驗我的忠誠度，於是堅持了下來，最終贏得了雇主的信任。」

在日益發達的商業社會，一切商業經營活動，雇主承擔的風險是最大的。企業破產了，雇主可能要跳樓，員工則可以轉換門庭。因此，許多雇主常常想出很多方法藉以

考驗員工的忠誠度，這也是為公司出現危機時做好充分準備。他們相信忠誠是可以被考察出來的，而不是靠嘴巴說的。所謂「天將降大任於斯人也，必先苦其心志，勞其筋骨……」如果你的雇主不斷折騰你，也許正是器重你的訊號，他正在考驗你的忠誠度，以便為其重用。

忠誠是一種情感和行為的付出，無論是發自內心的施與，還是甘願接受「雇主」的折騰。當你開始付出時，你將很快會得到收穫。有一則古老的傳說，講述一位口渴難耐的旅行者來到沙漠中的一口井前。井壁上貼有一張便條，向路人說明附近埋了一個水甕，可以用來引水。便條上寫著：收受之前先付出。於是，擺在旅行者面前的有兩種選擇：是喝掉甕裡的水，還是用少量儲存的水汲引更多冰涼而純淨的水。

「收受之前先給予」，這話的意思是你不能期望先獲得豐厚的報酬，然後才決定是否給予回報。正如牧師法蘭克‧格蘭先生曾經說過的：「如果你忠實於他人，有可能受到欺騙，但是如果你忠誠不足，就會活得十分痛苦。」

由於生活背景的不同，思想觀念的差異，每個人對於人生的理解千差萬別。人們常常會認為，坦誠之人窮困潦倒，虛偽之人卻功成名就。這實際上是一種錯誤的見解，這種觀點往往是只看到事物的表象。不誠實的人可能具有

他人所沒有的美德，誠實的人也可能有別人所沒有的陋習。誠實的人因為美德而有豐富的回報，同時也必須接受陋習給自己帶來的懲罰，不誠實的人同樣也承受著自己的痛苦與快樂。

世界越來越浮躁，人心也越來越墮落。人們往往因為虛榮心，就自以為是地認為自己是因美德而遭受苦難。一個人只有摒棄思想的雜念，盪滌心靈的汙點，才會真正意識到自己遭受的苦難實際上是上蒼對自己美德的考驗，而非惡行的報應。

請記住：每次當你為他人加倍付出一份，他就因此而對你承擔一份義務。當你真誠對待你的雇主，相信他也會真誠對待你。

忠誠的意思，並不是指盲目地從一而終，它是一種對自己從事的職業的責任感。也不是對某個公司或者某個人的忠誠，而是一種對職業本身的忠誠，是對從事某一職業所表現出來的敬業和熱愛精神。

一個人可能會頻繁跳槽，但身在其位一定要謀其事，這也反映出一個人對所從事職業的高度的責任感。也許正是這種態度，使他們常常保持相對的穩定性。

忠誠是一項寶貴的美德。因為忠誠，我們不必時刻繃緊神經；因為忠誠，我們對未來會更有信心。對於企業來

說，忠誠能帶來效益，增強凝聚力，提升競爭力，降低管理成本；對於員工來說，忠誠能帶來安全感。

誠實守信是為人之本，在任何時候都無需質疑

一個人無法讓所有的人都喜歡自己，但是至少可以讓大多數人都信賴自己。誠實的人，讓身邊的人感覺安全，日久天長自己的胸懷變得寬容博大，周圍也充滿了微笑和友愛；心思純潔的人比較節制，他的身旁充滿寧靜和平的氛圍。

養成一個好習慣，經常回顧一下自己的所作所為，是否能為自己的誠實而自豪？如果不能，應該好好反思，想一想，為什麼會說不誠實的話做不誠實的事？這樣做值得嗎？如果坦誠以待，事情會不會朝好的方向發展？如果你能夠從反省中學習，將自己訓練成為一個誠實可信的人，那麼，你是一個值得期待的人。

我們都知道，人無信不立，良好的信譽能給自己的人生，包括事業帶來出人意料的益處。誠實、守信是形成強

大親和力的基礎 —— 這種品格會使人產生與你傾心相交的願望。在某種程度上，能夠消除一些其他不利因素帶來的障礙，使困境變為坦途。

只要真誠待人，就能贏得良好的聲譽，獲得他人信任，將潛在的矛盾化解在無形之中。以誠相待是人際交往中最重要的砝碼，大多數矛盾都能用誠信的辦法解決。

誠實是不講條件、不分程度的，誠實是絕對的誠實。要求回報的誠實，算不上是誠實。誠實不是交換報酬而來的，誠實本身就是一種獎勵，它是人類行為最具有成效的一種。誠實的人從不擔心向誰撒了什麼謊而憂慮會被揭穿，所以，他們的注意力集中在做一些更有意義的事情上面。

有的人認為，撒個毫無惡意的小謊是無關緊要的，但久而久之你會發現，隨口撒謊成為一種習慣，你不會介意自己這種行為有何影響。小謊言需要大謊言來掩飾，然後，謊言就會愈扯愈大。永遠都別嘗試說謊，也別竊占任何不屬於自己的東西，只有這樣你才能高枕無憂。

人們都願意和誠實的人交往共事。也許你無法讓所有的人都喜歡你，但是至少可以讓大多數人都信賴你。誠實的人日久天長會逐漸形成寬容博大的胸懷，周圍充滿微笑和友愛；心思純潔的人會漸漸養成自律的習慣，周圍充滿寧靜和平的氛圍。

對於那些藐視為人正直誠實的人，好機會同樣也不青睞他們。

現今社會紛繁複雜，也具有很多迷惑性。一個不誠信的人可能暫時可以偽裝自己，表現出一副單純誠實的面孔，但是人們最終還是可以從這個人的所作所為當中看出蛛絲馬跡，而不至於長時間被他的言辭矇蔽。如果你一向說的比做的多，請即刻立下誓言，改變自己的行為吧！

有一個真實的故事，故事發生在一名年輕人身上。他是我的一位客戶，每次前來諮詢的時候，他總是抱怨，說自己不受重視，說公司過於守舊，說薪資調整和升遷都論資排輩，一些年輕有作為的人沒有用武之地。看得出，他內心深處有一種強烈的挫折感。在我認識他的時候，他正準備離開當時效力的那家公司。聽完他的抱怨，我給他講了加西亞的故事，他很認真地聽完，並且陷入了沉思當中。

他突然說：「我懂了！我之所以不為雇主所欣賞，並非我沒有才華，也不是我不善於溝通，而是因為我缺乏那種值得信任的品格。因為雇主並不認為我可以獨立將信送給加西亞。」

他從之前的工作表現上看到自己的問題，有許多方面不盡人意，包括喜歡自我表現，出口過於隨意，逞口舌之

能；做事毛糙有始無終……於是，他針對這些問題進行了大幅度的調整，工作態度大大改觀了。

伊莉莎白是一家大型公司的資深人事主管，在談到員工錄用與晉升方面的標準時，她說：「我不知道別的公司在錄用及晉升方面的標準是什麼，但就我們公司而言，我們很看重應徵者對於金錢的態度。一旦一個人在金錢上有不良紀錄，我們公司不太可能會雇用你。據我了解很多公司也跟我們一樣，很注重一個人的品行，並且以此作為晉升任用的標準。即使應徵者工作經驗豐富、條件優越，如果品行有汙點，我們也不會聘用的。這樣做的理由有四點：第一，我們認為一個人除了對家庭要有責任感外，對老闆守信是最重要的。如果你在金錢上毀約背信，這表示你在人格上有不小的瑕疵。世風日下，今天很多美國年輕人卻對此不以為然。他們認為『銀行的錢那麼多，即使我不償還債務也無所謂』，或者『每家商店都有上百萬的資金，我不付款它也倒不了』。但是買東西必須付錢，欠債必須還錢這是天經地義的事。在金錢上不守信用，簡直與偷竊無異。第二，如果一個人在金錢上不守諾言，他有可能對任何事都不守信用。第三，一個沒有誠意信守諾言的人，他在工作職位上必定也會怠忽職守。第四，一個連本身的財務問題都無法解決的人，我們是不任用的。因為頻繁的財

務困難容易導致一個人去偷竊和挪用公款。在金錢方面有不良紀錄的人，犯罪率是普通人的十倍。當我們支出金錢時，要誠實守信，這一點也同樣適用於我們為人處事。」

可見，伊莉莎白的用人標準說明了這樣一個問題：誠實是衡量人品行的一把尺子。這把尺子的適用範圍放之四海而皆準，適用於古今中外的所有人。誠實守信使人樹立起對家庭、對社會的強烈責任感，也是評價一個人品行端正與否的通行證。

任何一項日光底下造福他人的工作都沒有高低貴賤之分，也沒有簡單和複雜之分。那些誠懇並且勤奮的年輕人能夠欣然接受任何工作，每天都讓別人看到自己是值得信賴的，自己是具有價值的。這樣一個具備優秀品格的年輕人，遲早會被委以重任得到提升。

展現自己的與眾不同。 使自己成為一個不可替代的人

如果你是一個辦事高效又善於為雇主節省成本的人，你就能提升自己在雇主心目中的地位。雇主將給你機會讓

你參加公司決策會議，你也會被調升到更高的職位，因為你把自己變成了一個難以取代的重要人物。

有這樣一個故事：一位成功學家聘用了一個年輕女孩當自己的助手，每日替他拆閱、分類信件。她的薪資與相關工作的人相同。有一天，這位成功學家口述了一句格言，要求她用打字機記錄下來：「請記住：你唯一的限制就是你自己腦海中所設立的那個限制。」

這句話引發了女孩深刻的思考。她將打好的檔案交給雇主，並且有所感悟地說：「你的格言令我深受啟發，對我的人生具有非凡的意義。」

這件事並沒有給成功學家留下更多的印象，但是，卻在女孩心中打上了深深的烙印。從那天起她開始在晚飯後回到辦公室繼續工作，不計報酬地幹一些並非自己分內的工作 —— 譬如替雇主給讀者回信。

她每天認真研究成功學家的語言風格，以至於這些回信和自己雇主寫得一樣好，有時甚至更好。她一直堅持這樣做，並不在意雇主是否注意到自己的努力。她的努力得到了成效，終於有一天，成功學家的祕書因故辭職，他在挑選合適人選時，自然而然地啟用了這個原本只是助理的女孩。

那句格言給了女孩突破自我的力量。在沒有得到這個

職位之前已經身在其位了，這正是女孩獲得提升最重要的原因。當下班的鈴聲響起之後，她依然堅守在自己的職位上，在沒有任何報酬承諾的情況下，依然刻苦訓練，最終使自己有資格接受更高的職位。

這個故事到這裡並沒有結束。後來，這位年輕女孩因為她與眾不同的優秀，引起了很多其他公司的關注，有公司提供更好的職位邀請她加盟。為了挽留住這個出色的人才，成功學家多次提高她的薪資，與最初當一名普通速記員時相比已經高出了四倍。你瞧，遇到一個不斷在自己工作職位上提升自我價值的員工，做雇主的也割捨不了，因為這個員工在某種程度上已經使自己變得不可替代了。

如果你立下一個心志，就是無論你目前從事哪一項工作，每天一定要使自己獲得一個機會，使你能在平常的工作範圍之外，從事一些對其他人有價值的服務。那麼，你會因為這個額外的付出變得更加快樂，也更加對周圍的人有幫助。在你主動提供這些幫助時，你應當了解，自己這樣做的目的並不是為了獲得金錢上的報酬，而是為了訓練和培養更強烈的進取心。

一個人必須先擁有這種價值取向，然後才能在這個基礎之上，在所選擇的終身事業中，成為一名影響別人的人物。

　　以正確的心態提供最優良的服務是你能給自己的最好推薦。別人對你的看法和你對自己的期望不謀而合，那至少說明你做到了成為一個自己想成為的人。如果你被認定是一個積極、有重要貢獻的人，你就會備受歡迎。同事們會重視你，顧客會欣賞你。如果你能保持這些優點，你的雇主也會肯定、獎勵你。雖不能一夕成功，卻也總是生活在充滿無限可能性的盼望裡面。

　　「適者生存」的法則並不僅僅建立在殘酷的優勝劣汰的機制之上，而是因為它是公平原則的一部分。若非如此，美德如何能發揚光大？社會又如何能取得進步？與行事不周、態度懶散的人相比，那些思慮縝密、勤奮上進的人能夠做出很多有益於別人的事情。優秀人才總是為社會所需要。

　　我有一位朋友，他的父親常常告誡他：「無論未來從事何種工作，一定要全力以赴、一絲不苟。能做到這一點，就不會為自己的前途擔心。世界上到處是散漫粗心的人，那些善始善終者始終是供不應求的。」

　　大部分的雇主，他們不惜花費大把時間和金錢，四處尋找能夠勝任工作的人。這些雇主對員工的要求是，不需要出眾的技巧，而需要謹慎、朝氣蓬勃與盡職盡責。一個又一個員工，來來去去，因為粗心、懶惰、能力不足、沒

有做好分內之事而頻繁遭到解雇。與此同時，眾多失業者卻在大肆抱怨現行的法律、社會福利和命運對自己的不公。

　　一個背棄了將本職工作做得完美無缺原則的人，無法培養一絲不苟的工作作風，原因在於貪圖享受、好逸惡勞。不久前，我觀察到一位努力懇求終獲高薪要職的女性。她才上任短短幾天，便開始高談闊論想去進行一場「愉快的旅行」。月底的時候，她便因怠忽職守而遭解雇。

　　我們常說一心不能二用，正如兩物無法在同一時間占據同一位置一樣，被享受占據的頭腦是無法專心求取工作的完美表現的。

第四章

〈對待自己，需要自信〉

....

....

ACCEPTS ☐   REGRETS ☐

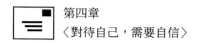
▌分辨出你最大的敵人是誰

　　人類是自然造化的產物，而不是依靠自己的謀術以及投機取巧而成長起來的。就如同萬物遵循因果循環一樣，我們的思想也同樣適用這個法則。

　　無論你承認與否，這個世界上沒有任何人可以令你沮喪消沉，除了你自己。你是否曾經覺得自己就是自己最大的敵人呢？

　　許多人都有這樣的經驗，不論做什麼事，結果常常不遂人願。於是常常陷入自責當中。然而，正如你是自己最大的敵人一樣，你也可能成為自己最好的朋友，最有力量的幫手。

　　是的，當你心靈變得成熟起來，具備了某種品德，能高度接納自己，你會欣喜地發現你已經成為自己最好的朋友了，你欣賞和信任這個朋友。確定一個長遠的目標，開始發現、認可和訓練自己的能力，並且修正自己那些頑固的錯誤。你在行進的過程裡面，就會了解到真正支持你邁向成功之路的人，正是你自己。

　　西方有句經典名言：「一個人的思想決定他的為人。」

這句話概括了人生的核心內容，也讓我們看到人間百態的源頭在哪裡。一個人的價值觀可以透過其行為不折不扣地反映出來。所有思想都彙集在一起，便形成了獨特而豐富的人格特性。因此，選擇一個正確的價值觀是多麼地意義非凡。

如同沒有種子的發芽就沒有禾苗的茁壯成長一樣，人們外在的言行舉止都是由內心隱藏的思想種子萌芽和壯大而來 —— 我們縱觀世間萬物，無論是無意識的行為，還是下意識的行為，在這一點上，都毋庸置疑。

如果我們把行為看作是思想綻放出的一朵花，那麼快樂或者痛苦實在是思想結下的一顆果實。可見，收穫快樂還是飽受痛苦，完全取決於自己的思想和選擇。思想造就出個性，一念之間往往決定一生的命運。如果人心包藏詭詐邪念，痛苦就會接踵而至，猶如車輪輾過一般不堪重負；如果心誠意正，快樂便如影相隨，長久陪伴在你的生命裡面。

人類是自然造化的產物，而不是依靠自己的謀術以及投機取巧而成長起來的。就如同萬物遵循因果循環一樣，我們的思想也同樣適用這個法則。

良好人格的形成不是放縱個性、隨心所欲，也不是憑藉偶然機遇成就的，而是價值觀純正、行為端莊的自然結

果，是長期心存正念、行從正道的報償。同樣的道理，卑鄙凶悍的人格可以說是心懷不軌長久累積的惡果。

一個非常渴望自己糟糕的處境有所改變的潦倒落魄之人。他在工作上偷奸耍滑，應付了事。他為自己辯解道：「之所以在工作上偷懶是因為我的薪水太少。」這樣的人既不懂得處世之道，又不明白改變處境的方法。他懶惰的理由是一種自欺欺人的想法，長此以往，他不僅無法擺脫貧窮，而且還會使自己深陷於無力拔出的苦毒怨恨之中。

我們從中可以總結這樣的事實：一個人自身的想法以及選擇是造成所處環境優劣的原因（雖然人們平時並沒有意識到）。很多人一方面展望美好的未來，另一方面卻不斷抱怨當下的處境，並且擅長歸咎責任於他人，為自己的不良做法找藉口。因此這類人失敗的例子比比皆是。人如果真正懂得價值觀所能產生的巨大作用，就不會把環境總結成為阻礙自己失敗的理由了。

無論相信與否，事實的確是這樣：你對工作的態度一旦改變，工作的處境也會隨之變化。明白這個真理，增強這個信念，豐富自己的視野，把自己置身於更富有挑戰性的環境中，就能得到更多的施展自己的機會。你一定要記住：一旦認定任何事，就要專注專心，全力以赴，千萬不要自以為聰明地認為你可以腳踩兩條船，將世間所有的便

宜占盡。這樣做即使取得了一時的功效，但這種成功必定是短暫的，很快就會失去，最終讓你產生失望。

我們都知道學生必須先掌握一門功課，才能更有信心和力量學習下一門課程。我們在工作中也是如此道理，在擁有你夢寐以求的豐碩成果之前，你必須先充分發揮和運用你潛在的能力。濫用、忽略或低估自己的能力，即使上帝賜給我們的天賦再高，也會慢慢被埋葬，因為我們的所作所為不配擁有這樣的能力。

對價值觀和態度的正確抉擇是事業成功的基礎

人類的思想，是上帝賜給我們最珍貴的禮物。但思想是一把雙刃劍，既可以開創一片快樂、堅定與平和的新天地，又可以摧毀自己的心態和人生。

凱斯特是一名普通修理工，他的生活雖然勉強過得去，但與自己的理想相比，距離還差得很遠。有一天，他聽說底特律一家維修公司在招工，於是決定前去試一試，希望能夠在那裡得到一個待遇較高的工作機會。面試時間

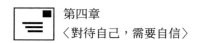
是在星期一，他於星期日下午到達底特律。

吃過晚飯後，他獨自坐在旅館房間中，不知不覺之間，他想了很多。他把自己曾經經歷過的事情在腦海中清晰地回憶了一遍。突然間他感到一種莫名的懊惱：他想自己並非一個智力低下的人，可為什麼至今依然一事無成沒有出息呢？

於是，他又取出紙和筆，寫下了四個自己認識多年、薪資比自己高、工作比自己出色的朋友的名字。其中兩位原本是他的鄰居，現在已經搬到高級住宅區去了。而另外兩位是他以前的雇主。他問自己：和這四個人相比，除了工作環境比他們差以外，自己還有什麼地方不如他們嗎？難道是聰明才智嗎？可是客觀地說，他們實在不比自己高明多少。

他不斷地自我反省和剖析，經過很長時間的思考，他得出了一個與以往不同的結論——應該和自我性格情緒的不同有關。在這一方面，他不得不承認自己確實比他們差一大截。

此時已經是深夜3點鐘了，但他睡意全無，頭腦也出奇地清醒。他突然發現自己第一次清楚地了解了自己，他發現自己過去大部分時候不能控制自己的情緒，輕易衝動，而且常常自卑，在許多方面不能平等地與人溝通和交往。

一整個晚上，凱斯特都坐在那裡自我檢視和反思。他意識到，自從懂事以來，自己就是一個不敢要求、妄自菲薄、不思進取、得過且過的人；他總是認為自己無法面對一些情況或者後果，更嚴重的是他從不認為自己能夠改變自己的這些性格缺陷。

而今晚，他痛下決心，決定從此之後杜絕那種自己不如別人的想法，也絕不再自貶身價，他決心要完善自己的情緒性格，彌補自己這方面的不足。

第二天早晨，凱斯特心情愉悅，春風滿面地去面試，他順利地被錄用了。我們可以看到，凱斯特之所以能滿懷信心地得到那份工作，與他前一晚的沉思和感悟不無關係。

在得到那份工作的兩年內，凱斯特逐漸建立起了良好的名聲和口碑。周圍的人都認為他是一個樂觀、機智、主動、熱情的人。接著，隨之而來的經濟不景氣，使每個人的情緒，尤其是耐性都受到了考驗。但這時的凱斯特已經成為同行業中可以做到生意的少數人之一了。原來，公司進行調整時，因為凱斯特的出色表現，公司決定分給他一筆可觀的股份，並且同時還給他加了薪。

從凱斯特的故事裡面，我們不難發現，並非所有的成功都來自於你的謀算，更重要的反而是，在許多的經歷裡了解和發現自己性格中的那些不足和缺陷，並開始試著改

變和完善自己。請你一定要相信，這絕對是一種建設性的做法，如果你能夠這樣，你在事業中不斷前進並最終實現自己的夢想就是觸手可及的事情。

一個人在工作上能否表現出色，取決於自己的態度、想法以及行動。我們看到，思想和態度既可以摧毀自己，也能開創一片快樂、堅定與平和的新天地。人種的是什麼，收的也是什麼。

因此，一個人要選擇正確的態度並且堅持不懈，就能達到越來越成熟的境地；反之，如果你滿腦子邪思歪念，則只能淪為禽獸之輩，終日陷入焦躁和迷茫的泥沼裡。世界上存在著各式各樣個性的人，但對人生價值觀和態度的選擇是造成每個人品格不同的根本原因。從一定意義上講，你的選擇決定你的命運。

人們被賜予力量、才智與愛，手握著一把能夠應對不同處境的鑰匙。當明白這些東西能夠帶給你奇妙的經歷和經驗後，我相信你一定會信心堅定地倚靠它們來實現自己的諸多願望。

即使你處在一種看似十分悲慘的境地，你仍然能夠翻轉過來。但前提是，你要能適時地反思自己，包括所處的境況，並努力地尋找積極的人生之道，你一定能夠脫胎換骨，成為一個在不同經歷中被日漸磨礪和豐富起來的有智之人。

因此，我們再次看到思想這一上帝賜予的禮物是何等的神奇。但這的確需要我們成為一個有心人。學會在人生的各種經歷中去檢視和正面回應。

許多人會將竭力改善自己所處的環境作為翻轉個人生命的一種期待，卻不明白審視自我價值和態度才是在任何處境下得以屹立不倒的力量泉源。於是你發現，風向標如果出現問題，結果就是環境沒有被改變，而自己也深陷沮喪和羞恥中。一個勇於接受命運考驗的人，總是在考驗中越發老練和成熟，慢慢地就實現了自己心中的目標。其實，這個人生的道理放之四海皆準。可見，成功的人生需要在價值觀和態度上做出許多預備。

你不是被雇主或者環境挾制，而是被自己所奴役

在工作中，真正壓榨和奴役一個人的不是他的雇主和上司，而是他自己。這些人整天抱怨，認為自己好像一個奴隸一樣被人役使。一旦一個人內心充滿了低人一等的心態，他就變成了一個真正的奴隸。

　　許多人總是愛說，自己在公司裡受到雇主和上司的壓榨和奴役。事實果真如此嗎？如果你捫心自問，就發現真正壓榨和奴役我們的不是雇主和上司，而是我們自己。我們整天抱怨，認為自己好像一個奴隸一樣被人役使。一旦一個人內心充滿了低人一等的心態，他就變成了一個真正的奴隸。

　　如果你了解自己具有與生俱來的高貴價值，你就會使自己漸漸突破被挾制的境地。因此，要對自己有正確認知。在抱怨自己是他人的奴隸之前，先看看你是否在自己限制自己，是否在自己奴役自己。

　　如果你真誠地面對自己。你就一定會發現，你的心裡隱藏著很多猥瑣的思想和慾望，和不假思考就順從的習慣或者行為，這些東西在你平時的行為中比比皆是。要勇於正視自己的心靈，也勇於向那些無益於自己成長的習慣和性格宣戰。

　　積極改正這些缺點，不要再做習慣和自我性格的奴隸，這樣還有誰能夠奴役你呢？一旦戰勝自我，你便容易克服很多看似不可踰越的逆境，暫時的困難也就迎刃而解了。

　　也不要抱怨自己被富人所壓迫。想想看，有朝一日如果你也成為了一個所謂的富人，你能夠保證自己不壓迫別

人嗎？不要忘了永恆的法則是公平的，今天壓迫別人的，日後一定會遭受壓迫，絕對不會有例外。假如你過去曾經富有，而且曾經壓迫過別人，按照這條偉大的法則，現在你困苦的處境就是讓你知曉其中的奧祕。就讓那永恆的正義、永恆的善良常常成為我們心中追尋的方向吧。

試著去深入了解自己的內心，你就會進一步了解到，不經過你的同意，誰也無法傷害到你。擺脫自己是受害者的錯覺，努力去除自私與狹隘的思想，去追求無私和奉獻的喜悅。

不久前，我應邀前往一家大公司參加年會，他們請我在會上發表演說。就在這個過程，有一位叫做哈利的老人當場宣布退休，公司董事長站起來做一次例行回應，他表示哈利先生對他們公司多麼有價值、有貢獻，以及現在他要退休，公司對他多麼懷念。

然而慶祝大會結束後，哈利先生卻好像被人遺忘了一樣。他用手背輕輕地觸了我一下，悄悄對我說：「你是否能給我 30 分鐘的時間，我有話要對你說，順便發洩一下我心中的鬱氣。」

我無法拒絕這樣的請求，於是帶著他來到自己下榻的旅館房間，點了一些飲料和三明治。

我開啟話匣子：「您在公司待了那麼多年，可謂是勞

苦功高，今天晚上光榮退休，對您來講真是一個值得紀念的日子。」然而，哈利先生卻說道：「你誤會了，其實今天我並不快樂，我真是不知道該怎麼形容才好，我想這是我一生中最悲傷的夜晚。」

「為什麼呢？」我故作吃驚地問道。

「今晚我只是坐在那裡面對我平庸的一作生涯而已。我感到自己一事無成，真是徹底失敗。」

「那麼您接下來準備做些什麼？」我問道，「你現在才65 歲而已。」

「還能做什麼呢？我準備搬到老人村裡去了，住在那裡直到老死為止，我有一筆不少的退休金以及社會保險金，這些錢足夠我養老了。」他很痛苦地說，「我真希望這樣的日子很快就來臨。」

說完這些話，我們陷入了沉默，然後他從口袋中取出今晚才拿到的退休紀念錶，說道：「我想把這件禮物丟掉，我不希望留下這些痛苦的回憶。」

時間緩緩地過去，有些激動的哈利先生已經放鬆下來，他繼續說道：「今天晚上，當喬治先生（該公司的董事長）站起來致辭時，你可能無法想像我當時多麼悲傷。喬治先生和我一起進入公司，但是他很上進，節節攀升，我卻不然。我在公司領到的薪資最高不過 7250 美元，而

喬治先生卻是我的 10 倍，還不包括種種紅利以及其他福利在內。每當我想起這件事，我總是認為喬治先生並沒有比我聰明多少，他只是不怕吃苦，經得起磨練，能完全投入工作，而我沒有做到這一點。

「其實，在我的職業生涯中，公司內外給了我很多機會，如果把握住，我都可能獲得晉升的。例如我在公司待了 5 年後，有一次公司要我到南方去掌管分公司，但是我自己因為感到無能為力而拒絕了。每次當這種絕好的機會到來時，我總是找一些藉口來推託。現在，我退休了，一切都已經過去了，我什麼也沒有得到，真是往事不堪回首啊。」

在哈利的一生中，他一直妄自菲薄，游移不定，沒有任何實際目標可言。他懼怕真正地面對生活，害怕挺身而出，承擔責任，他的工作歷程裡面很多時候只是虛度年華。

像無數人一樣，哈利先生把自己判入自我奴役的牢籠之中。其實，這種奴役並不限於某一種類型的工作：在辦公室中、在商店裡、在農場上，甚至每一個地方，我們都能發現這種奴隸存在。

這些現代奴隸都是他們自己選擇的結果，而非他們自己認為的那樣，是受其他人強迫去當奴隸的。他們之所以

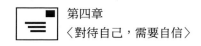
如此選擇導致如此被動，是因為他們不明白自己的價值，也不知道如何獲得解脫，重拾自由。

▌熱忱能夠使工作充滿喜悅和樂趣

　　人們常常讚揚一個有成就的人，說他擁有良好的才能。與其說好成績取決於人的才能，不如說它取決於人的熱忱和真誠。世界為那些真正具有使命感和堅強信念的人大開綠燈。這樣的人直到生命終結的時候，依然對生活飽含熱情，無論中途出現什麼困難，無論明天看起來是多麼地渺茫，他們總是相信能夠把心目中的理想圖景變成現實。

　　我欣賞對生活對工作充滿熱情的人。熱忱是一筆看不見卻又無法估價的財富。藉著被分享，它會影響和感染周圍的人和環境，是一筆分享出去之後反而會增加的資產。你分享出去的越多，你得到的滿足感就越大。生命中最大的嘉獎不是來自財富的累積，而是因著你的熱忱帶給別人以及自己靈魂上的滿足。

　　當你滿懷熱忱和真誠投入工作中，而你的努力使自己

的雇主和顧客都非常滿意時，你所獲得的無形益處就大大增加了。親愛的朋友，不要吝嗇在你的生命中注入熱忱，熱忱真是一種神奇的元素，吸引別人，也影響自己。如果你在自己的工作中展現熱忱，你會發現它正幫助你漸漸優秀起來。

對於準備在事業上有所作為的年輕人來說，誠實、能幹、友善、忠於職守、純樸，所有這些特質都是不可缺少的。但是更不可或缺的還有熱忱，這樣的人將努力工作看作是人生的快樂和榮耀。

縱觀古今中外，那些優秀的發明家、藝術家、音樂家、詩人、作家，人類文明的先行者、大企業的創造者，無論他們來自什麼種族、什麼地區，無論在什麼時代，那些引導著人類從野蠻社會走向文明的人們，無不是充滿熱忱的人。

工作是人生內容的一個部分。當你處在工作狀態的時候，如果你無法集中精力，將全部身心都投入到工作中去。那麼，可以想見，在做其他方面的事情的時候，你也有可能淪為平庸之輩。你恐怕無法在人類歷史上留下任何印記；因為做事馬馬虎虎，所以只能在平平淡淡中了卻此生。如果是這樣，你的人生結局將是和千千萬萬的人一樣，平庸地度過一生。

　　熱忱，是工作的靈魂，甚至它就是生活本身。一個人如果不能從每天的工作中獲得樂趣，而僅僅是因為要謀生才不得不從事工作，你完成的每一項職責都是勉為其難，那麼，你的工作注定是要失敗的，你的人生也不會很愉悅。

　　如果一個年輕人的工作狀態不佳，一定是某些方面出現了問題。要麼是錯誤地選擇了工作的奮鬥方向，使他們在天性所不適合的職業上艱難跋涉，白白地浪費著精力。他們需要某種內在力量的覺醒，應當被告知，這個世界需要他們做最適合的工作。每個人天生被賜予不同的稟賦，我們應當根據自己的才能和興趣把這些潛能最大限度地發揮出來，使它的功效增至原來的 10 倍、20 倍、100 倍。

　　放眼歷史，從來沒有什麼時代能夠像今天這樣，為滿腔熱忱的年輕人提供了如此多的展現自己的機會！這是一個屬於年輕人的時代，年輕人承載著引導世界更真與更美的大使命。大自然的祕密，是由那些準備活出生命本質的人，還有那些熱情洋溢地生活的人來揭開。不只是各行各業，人類活動的每一個領域，都在呼喚著滿懷熱忱的工作者。

　　如果你想戰勝困難，熱忱絕對是一種強大的力量，它使你保持清醒，使全身所有的神經都處於興奮狀態，去進

行你內心渴望的事；它不能容忍任何有礙於實現既定目標的干擾。

我們都知道著名的音樂家韓德爾（George Frideric Handel）。當他年幼時，家人不看好他對音樂表現出來的濃厚興趣。甚至不准他去碰樂器，不讓他去上學，哪怕是學習一個音符。但這一切阻撓都是徒然。他時常在半夜時分悄悄地跑到祕密的閣樓裡去彈鋼琴。享譽全球的著名音樂天才莫札特孩提時，成天要做大量的苦工，但是到了晚上他就偷偷地去教堂聆聽風琴演奏，那一刻，他的全部身心都融化在音樂之中。還有巴哈，他年幼時只能在月光底下抄寫學習的東西，連點一支蠟燭的要求也被蠻橫地拒絕了。當那些手抄的數據被沒收後，他依然沒有對自己鍾愛的音樂灰心喪氣。同樣對音樂充滿熱忱的有奧利布，皮鞭和責罵反而使兒童時代的奧利布更加專注地投入到他的小提琴曲中去。

如果內心沒有火熱的信心和盼望，就是軍隊也不能打勝仗，雕塑也無法栩栩如生，音樂很難扣人心弦，那些給人們留下深刻印象的雄偉建築就不會拔地而起，詩歌就不能滋潤我們的心靈，這個世界上就不會有慷慨無私的愛。而人類也將失去應有的生命力。熱忱使人們拔劍而出，為自由而戰；熱忱使大膽的樵夫舉起斧頭，開拓出人類文明

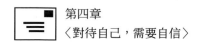
的道路；熱忱使彌爾頓（John Milton）和莎士比亞拿起了筆，在樹葉上記下他們燃燒著的思想。

博伊爾說：「離開了熱忱，偉大的創造是無法做出的。這也正是一切偉大事物激勵人心之處。離開了熱忱，任何人都算不了什麼：而有了熱忱，任何人的力量都不可以小覷。」

因此。可以說熱忱是所有偉大成就的取得過程中最具有活力的因素。它的力量融入到每一項發明、每一幅書畫、每一尊雕塑、每一首偉大的詩、每一部讓世人驚嘆的小說或文章當中。它是一種精神的力量。它只有在對人生價值有更高的追求過程中才會出發出來。在那些只被個人的感官享受所支配的人身上，你是不會發現這種熱忱的。它代表了一種積極向上的強大力量。

優秀的勞動成果一般總是由頭腦聰明並具有工作熱情的人完成的。很多大公司裡那些吊兒郎當的老職員們很喜歡嘲笑年輕的同事，因為他們對待工作熱情認真，這些職位低下的年輕人做了許多自己職責範圍以外的工作。然而不久之後，他們被從所有的雇員中挑選出來，進入更為重要的部門或者職位，甚至晉升為公司的管理層，這常常令那些嘲笑他們的人瞠目結舌，不敢相信。

好成績與其說是取決於人的才能，不如說取決於人的

熱忱。這個世界為那些具有真正的使命感和自信心的人大開綠燈，到生命終結的時候，他們依然熱情不減當年。無論出現什麼困難，無論前途看起來是多麼地渺茫和黯淡，他們總是相信能夠把心目中的理想圖景變成現實。

　　熱忱使我們被賦予更高的價值。它給思想以力量，促使我們立刻行動，直到把可能變成現實。熱忱，使我們的決心更堅定；熱忱，使我們的意志更堅強！不要畏懼熱忱，如果有人願意以半憐憫半輕視的語調把你稱為狂熱分子，那麼就讓他這麼說吧。一件事情如果在你看來值得為它付出，如果那是對你的努力的一種挑戰，那麼就把你能夠發揮的全部熱忱都投入到其中去吧，對於站在一旁指手畫腳的議論，你大可不必理會。笑到最後的人，才笑得最美。歷史上和現實裡，成就最多的，從來不是那些半途而廢、冷嘲熱諷、猶豫不決、膽小怕事的人。

　　倘若一個人把他的精力高度集中於他所做的事情（他是如此虔誠地投入其中），他根本沒有工夫去介意別人的評價，而到了事情的終了，世人也終究會看到他的寶貴價值。

　　對你所做的工作，只要是陽光底下光明正大的事情，只要能夠造福別人，你就要充分肯定它的價值和重要性，它對這個世界來說是不可或缺的。請你全身心地投入到你

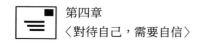
的工作中去，把它當做你人生的一項必要使命，這信念深深植根於你的靈魂裡面，你將在前進的道路上獲得嘉獎。

源源不斷的熱忱，使你永保青春，讓你的心中永遠充滿陽光。世上一切美好的東西都會令人怦然心動。記得有兩位偉人如此說：「請用你的所有，換取對這個世界的理解。」我也要這樣說：「請用你的所有，換取滿腔的熱情。」

▋堅韌的特質能夠帶領你走向成熟人生

各行各業很多做事優秀的人，大體都是那些天資一般、沒有接受過較高教育的人。他們出色因為他們擁有全力以赴的工作態度和積極進取的工作精神。

全世界的人幾乎都知道美國人做事講究高效。不達目標絕不罷休的奮鬥精神，的確會推動社會快速向前發展。然而，凡事求快的個性同時也是一個缺點，它容易使人變成世界上最缺乏耐心的人。尤其在戰爭時期，缺乏耐心是士兵們致命的弱點。因為急於求勝，他們不能沉著應戰，導致經常無謂地暴露在敵人的炮火之中。

　　換到商場上也是如此。我們常常要求自己在最短的時間內簽約成交，急功近利的後果就是無法做到從容地全盤考慮事情。由於自己缺乏耐心，急著想要得手，但結果反而不遂人願。最大的可能就是機會常常被那些願意耐心等待的競爭對手搶走。

　　富蘭克林曾經說過：「有耐心的人，無往而不利。」耐心是一種能力，需要特別的勇氣。那些對理想和目標全然投入的人，需要具備不屈不撓、堅持到底的精神。這裡所說的耐心，是動態而非靜態的，是主動而不是被動的，是一種積極力量而不是消極力量。我們的內心具備這種源源不盡的力量，但前提是你是一個在做事之前可以真正安靜下來的人，同時以一種幾乎是不可思議的執著，投入到既定的目標中，這樣的耐心才具有價值。

　　具備堅忍不拔的決心才能戰勝困難。一個有決心的人，是一個令人有安全感的人，人們需要他幫助時會對他付以全部的信任；而且一個有決心的人，當他需要幫助時，人人都會熱情地幫助他。相比之下，我們都知道那些做事三心二意、缺乏韌性和毅力的人很難取得別人的信任和支持，沒有人願意信任和支持他們，因為大家都知道這種人做事不可靠，隨時有可能半途而廢。

　　世界上有許多人終其一生都沒有成功地做好一件事，

這倒不是因為他們能力不夠、誠心不足或者對成功沒有期望，而是因為他們缺乏足夠的耐心。這種人做事向來虎頭蛇尾、有始無終，做事的過程中也是東拼西湊、草草了事。他們常常對自己當前所做的事情產生懷疑，害怕會失敗，作決策時也處在猶豫不決之中。如果他們看準了一項事業，但好景不長，剛做到一半他們又覺得或許還是另一項事業更為妥當。他們情緒和心態不穩定，時而信心百倍，時而又低落沮喪。這種人也有可能在短時間取得一些成就，但如果放眼到長遠的人生長河來看，這種類型的人總是會留下更多的遺憾。很少有遇事遲疑不決、優柔寡斷的人能夠取得真正的成績。

取得優秀的成就要具備兩個最重要的特質：一是堅定，二是忍耐。通常情況下，人們往往信任那些意志非常堅定的人。當然，任何人都會面臨困難，碰到障礙和挫折，但對於一個有耐性的人來講，即使失敗也不會令他一蹶不振。我們經常聽到別人問這樣的話：「那個人還在奮鬥嗎？」這句話的意思是：「那個人對前途還沒有絕望吧？」

一個優秀的員工，對自己熱愛的公司和工作會持守忠誠和信心。即使對公司的前景做了種種慘淡的描述後，他仍然不為所動，堅守職位；言談舉止之中能夠做到處處不

慌不亂，謹慎得體。這種特質的員工是許多大公司非常青睞的。如果不具備這些特質，一個人無論才識如何淵博，也很難得到雇主的認同。

很多企業主在描述自己心目中的理想員工時說：「我們所亟須的人才，是那些真誠堅貞、意志堅定、在工作上全力以赴、有奮鬥精神的人。一般來講，表現出色的大體是那些天資一般、沒有受過高深教育的人，他們擁有全力以赴的做事態度和永遠進取的工作精神。做事全力以赴從而獲得成功的人大約有九成，剩下一成的成功者靠的是天資過人。」

其實大多數管理者的用人標準與上面的描述相差無幾′，除了忠誠以外還要加上韌性。一個具備堅韌特質的人能夠經受挫折。行事的志向和決心固然寶貴，但常常也會因力量不足、能力有限而遭遇挫敗，唯有具備韌性，才能經得起風吹雨打，最終立於不敗之地。

庫雷博士說過：「許多青年人的失敗都可以歸咎於恆心的缺乏。」是的，對待工作堅貞不渝、百折不撓是獲得成功的重要基礎。當今社會大多數年輕人頗有才學，具備成就事業的種種技能，但他們的致命弱點是缺乏恆心、沒有忍耐力。所以，許多年下來，只能在自己的職位上平庸地工作著。很多時候，甚至在微不足道的困難與阻力面

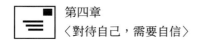
前，就立刻退縮，裹足不前，這樣的人怎麼配得委以重任呢？如果你想為自己贏得美譽，讓周圍的人都知道你是一個經得起考驗的人，那麼一件事到了你的手裡，請你千方百計地將它出色完成。

一旦你周圍的朋友了解到你是一個意志堅定、富有忍耐力、頭腦機智、做事敏捷的好朋友、好員工、好同事後，無論位於哪個位置，你都能找到適合你的工作和職位。與之相反，如果你輕看自己，無視自己的潛在價值，也無意去體察和改進，只是渾渾噩噩糊里糊塗地過活，埋怨遇人不淑遇事也不淑，那麼你遲早會有一天被人踢到一邊，甚至被自己所厭煩。

因此可見，堅韌帶我們走向成熟人生。

電子書購買

爽讀 APP

國家圖書館出版品預行編目資料

從《致加西亞的信》談個人價值：職場關係 ×
個體價值 × 責任心態 × 得失關係，揭示哈伯德
的成功哲學與人生觀 / [美] 阿爾伯特·哈伯德
（Elbert Hubbard）著，路船山 譯 . -- 第一版 .
-- 臺北市：財經錢線文化事業有限公司 , 2024.07
面；　公分
POD 版
譯自：A message to Garcia.
ISBN 978-957-680-913-2(平裝)
1.CST: 職業倫理 2.CST: 責任 3.CST: 通俗作品
198　　　113009201

從《致加西亞的信》談個人價值：職場關係 × 個體價值 × 責任心態 × 得失關係，揭示哈伯德的成功哲學與人生觀

臉書

作　　　者：[美] 阿爾伯特·哈伯德（Elbert Hubbard）
譯　　　者：路船山
發 行 人：黃振庭
出 版 者：財經錢線文化事業有限公司
發 行 者：財經錢線文化事業有限公司
E - m a i l：sonbookservice@gmail.com
粉 絲 頁：https://www.facebook.com/sonbookss/
網　　　址：https://sonbook.net/
地　　　址：台北市中正區重慶南路一段 61 號 8 樓
8F., No.61, Sec. 1, Chongqing S. Rd., Zhongzheng Dist., Taipei City 100, Taiwan
電　　　話：(02) 2370-3310　　傳　　　真：(02) 2388-1990
印　　　刷：京峯數位服務有限公司
律 師 顧 問：廣華律師事務所 張珮琦律師

定　　　價：299 元
發 行 日 期：2024 年 07 月第一版
◎本書以 POD 印製
Design Assets from Freepik.com